SOZIOLOGIE

FORUM
DER DEUTSCHEN GESELLSCHAFT FÜR SOZIOLOGIE

Heft 4 • 2022

Herausgeber im Auftrag von Konzil und Vorstand der Deutschen Gesellschaft für Soziologie:
Prof. Dr. Dirk Baecker (verantwortlich im Sinne des Presserechts)
Redaktion: Prof. Dr. Sylke Nissen und Dipl. Pol. Karin Lange, Universität Leipzig, Institut für Soziologie, Beethovenstraße 15, D-04107 Leipzig, Tel.: 0341/97 35 648,
E-Mail: soz-red@sozio.uni-leipzig.de (Redaktion) oder dirk.baecker@zu.de (Dirk Baecker)

Vorsitzende der Deutschen Gesellschaft für Soziologie:
Prof. Dr. Paula-Irene Villa Braslavsky, Ludwig-Maximilians-Universität München,
Institut für Soziologie, Konradstraße 6, D-80801 München
E-Mail: paula.villa@lmu.de, Tel.: 089/2180 2441
Geschäftsstelle der Deutschen Gesellschaft für Soziologie:
Marcel Siepmann (Leitung), DGS c/o Kulturwissenschaftliches Institut Essen, Goethestraße 31, D-45128 Essen, E-Mail: marcel.siepmann@kwi-nrw.de,
Tel.: 0201/1838 138, Fax: 0201/1838 232
Schatzmeisterin der Deutschen Gesellschaft für Soziologie:
PD Dr. Heike Delitz, Universität Bamberg, Fakultät Sozial- und Wirtschaftswissenschaften, Feldkirchenstraße 21, D-96052 Bamberg
E-Mail: heike.delitz@uni-bamberg.de

Aufnahmeanträge für die DGS-Mitgliedschaft und weitere Informationen unter www.soziologie.de

Die Zeitschrift *Soziologie* erscheint viermal im Jahr zu Beginn eines Quartals. Redaktionsschluss ist jeweils sechs Wochen vorher. Für Mitglieder der DGS ist der Bezug der Zeitschrift im Mitgliedsbeitrag enthalten. Beiträge in der SOZIOLOGIE werden über EBSCOhost Information Services sowie in den Bibliographien von De Gruyter: IBZ und IBR erfasst.

Campus Verlag GmbH, Kurfürstenstraße 49, D-60486 Frankfurt am Main, www.campus.de
Geschäftsführung: Marianne Rübelmann
Programmleitung: Dr. Judith Wilke-Primavesi
Anzeigenbetreuung: Claudia Klinger, Julius Beltz GmbH & Co. KG, Postfach 100154, D-69441 Weinheim, Tel.: 06201/6007-386, E-Mail: anzeigen@beltz.de
Fragen zum Abonnement und Einzelheftbestellungen: Beltz Medien-Service, Postfach 100565, D-69445 Weinheim, Tel.: 06201/6007-330, E-Mail: medienservice@beltz.de

Bezugsmöglichkeiten für Nichtmitglieder der DGS:
Jahresabonnement privat 78 €, Studierende / Emeriti 35 €
Jahresabonnement Bibliotheken / Institutionen 118 € print / 177 € digital (nach FTE-Staffel)
Alle Preise zuzüglich Versandkosten. Alle Preise und Versandkosten unterliegen der Preisbindung. Kündigungen des Abonnements müssen spätestens sechs Wochen vor Ablauf des Bezugszeitraums schriftlich mit Nennung der Kundennummer erfolgen.

Druck: Beltz Grafische Betriebe GmbH, Bad Langensalza
Beltz Grafische Betriebe GmbH ist ein klimaneutrales Unternehmen (ID 15985-2104-1001).
ISSN 0340-918X

Inhalt

Nachrichten aus der Soziologie

Liebe Kolleginnen und Kollegen,

auf der einen Seite eine »Metakrise« (Annalena Baerbock), eine Krise aller Krisen, auf der anderen Seite eine Soziologie, die über »polarisierte Welten« streitet. Entsprechen sich die beiden Diagnosen? Sind die Krisen in eine Krise geraten, die herkömmliche Formen ihrer Bewältigung außer Kraft setzt? Verhindert die Polarisierung jegliches Verfahren der Verständigung auf aussichtsreiche Lösungen?

Sicher scheint mir, dass die Soziologie mit ihren herkömmlichen Theorien und Methoden nur wenig zu einer Gesellschaft beitragen kann, die Krieg, Hitze, Dürre, Pandemie und kommunikativen Blockaden zwar nicht wehrlos ausgeliefert (pragmatische Lösungsversuche ebenso wie pragmatische Lösungsblockaden gibt es in Hülle und Fülle), aber doch von der Typik der Probleme konzeptionell überfordert ist. Sowohl die empirische Sozialforschung als auch die intellektuellen Entwürfe der soziologischen Theorie beschränken sich darauf, bereits bekannte Befunde zu bestätigen. Es mangelt dieser Gesellschaft nicht an Selbsterkenntnis und Selbstbeschreibung, auch wenn unklar ist, was daraus folgt.

Ein Editorial ist kein Wunschkonzert, doch ich komme nicht umhin, mir eine institutionelle, ja organisatorische Antwort der Soziologie auf die Metakrise vorzustellen: eine Soziologie in neuen Formaten der Lehre und Forschung. Ich bin erstens überzeugt, dass die Soziologie ihre internationalen Kontakte auf allen Ebenen und für alle denkbaren Themen, von der Demokratie- und Bürokratieforschung über die Industrie- und Arbeitssoziologie bis zur Kunst-, Religions- und Sportsoziologie ausbauen muss. Ich bin ebenfalls überzeugt, dass wir den Stellenwert der Soziologie hierzulande nur stärken können, wenn wir durch internationale Kooperationen mit Kolleg:innen weltweit – nicht nur im »Westen«, sondern im globalen Süden, Osten und Norden – in den Austausch gehen. Auch wenn hier schon viel passiert, kann die Sichtbarkeit weniger in der Forschung als vielmehr in der Gesellschaft durchaus noch verbessert werden.

Die mangelnde Sichtbarkeit ist die Achillesferse der Soziologie. Wir brauchen deswegen zweitens auf der Suche nach neuen Formaten eine Kampagne zur Neugestaltung unserer Fakultäten und Departments. Ich stelle mir vor, zwei, wenn nicht drei Fliegen mit einer Klappe zu schlagen: Nachwuchsförderung, Studierendenmarketing *und* neue Themen. Diese eine Klappe ist der massive Ausbau der Promotionsförderung. Doktorand:innen werden dafür bezahlt, die eine Hälfte ihrer Zeit an ihrer Dissertation zu arbeiten und die andere Hälfte als Tutor:innen studentische Arbeitsgruppen bei ihrer Auseinandersetzung mit praktischen Themen zu begleiten. Der Schwerpunkt der studentischen Lehre liegt auf Praxisprojekten mit Praxispartnern, in allen Bereichen der Gesellschaft. Die Universität ist der Ort, an dem nach Alternativen für jede nur denkbare gesellschaftliche Praxis gesucht wird – und sei es nur, um über diese Praxis streiten zu können und in dieser Praxis mit kritischen Impulsen wirksam werden zu können. Die Universität wird für Studierende attraktiv, weil sie hier nicht nur mit einem Fach, sondern mit der Gesellschaft konfrontiert werden. Und sie wird für Praxispartner attraktiv, weil sie hier zu einer Reflexion eingeladen werden, für die in der alltäglichen Arbeit die Zeit fehlt.

Der professorale Lehrkörper beobachtet – und reagiert seinerseits mit Themen, Ideen, Theorien und Methoden. Der Nachwuchs beendet mit der Promotion seine Ausbildung und bewirbt sich anschließend um unbefristete Lecturer- und Fellow-Stellen (interessant, dass es für diese Form der Anstellung noch nicht einmal ein deutsches Wort zu geben scheint), die auskömmlich genug die weitere Forschung, eventuelle Familiengründung und den Wettbewerb um besser bezahlte Professorenstellen ermöglichen.

Gegenwärtig übt sich die Soziologie in einem gepflegten Hegelianismus: Die Wirklichkeit ist entweder vernünftig oder unvernünftig, am liebsten jedoch beides zugleich. Es käme jedoch darauf an, ein Alternativenwissen zu erarbeiten, das sowohl positiv als auch kritisch, vor allem jedoch praktisch ist. Die Sichtbarkeit der Soziologie lässt sich nur verbessern, wenn sowohl die Universität als auch die Praxis an ihren Berührungsängsten arbeitet. Studierende stellen sich dann von allein ein (Saysches Gesetz: Das Angebot schafft sich seine Nachfrage) und Doktorand:innen haben die Wahl, ob sie anschließend an der Universität oder auf anderen beruflichen Feldern arbeiten.

Mit herzlichen Grüßen
Dirk Baecker

SOZIOLOGIE, 51. JG., HEFT 4, 2022, S. 379–396

Wie der Kolonialismus sich (nicht) denken lässt

Offene Probleme einer paradigmatischen Schließung der Debatte

Matthias Leanza, Axel T. Paul

Missverständnisse, nichts als Missverständnisse. Unsere Replik auf den Debattenbeitrag von Marius Meinhof aus dem Heft 4/2020 der SOZIOLOGIE zeuge von einer »Abwehrhaltung«, die »sich gar nicht erst auf eine theoretische Reflexion der eigenen Begriffe einlässt« (Meinhof, Boatcă 2022: 127, 129) und die Gegenseite absichtlich oder ungewollt missverstehe. Dabei übergingen wir geflissentlich »die vorhandene Literatur zu postkolonialer Soziologie« und projizierten »immer wieder theoretische Vorannahmen aus den von [uns] bevorzugten *New Empire Studies* auf postkoloniale Theorien«, nur um diese pauschal zurückzuweisen (ebd.: 127, 130). Die von uns vertretene Position laufe auf eine bloße »Auseinandersetzung mit der Geschichte eines in die Vergangenheit delegierten Kolonialismus« (ebd.: 127) hinaus. Indem wir aber »das Koloniale räumlich in den Kolonien und zeitlich in den (vergangenen) großen Imperien« situierten, verkennten wir das Kernanliegen postkolonialer Theorie und entledigten uns »qua eurozentrischem Fehlschluss« einer Beschäftigung mit den bis heute fortdauernden Struktureffekten des Kolonialismus (ebd.: 141, 128). Diese beträfen nicht zuletzt die europäischen Länder selbst. Weil wir aber einem naiven Raumverständnis anhingen, sähen wir nur nationale und koloniale Container, wo in Wahrheit globale Verflechtungen bestünden. Beinahe erleichtert stellen wir fest, dass unserer Perspektive zumindest bescheinigt wird, dass sie »zweifellos für Kolonialismusforschung relevant [ist], insbesondere für vergleichende Imperienforschung« (ebd.: 141). Die Freude über dieses sparsame Lob währt aber nicht lang. Im Nachsatz ergänzt Meinhof in seiner jetzt zusammen mit Manuela Boatcă verfassten Antwort, dass komparative Imperienforschung »durch klare Containerräume überhaupt erst die Möglichkeit gewinnt, sich Imperien als vergleichbare Einheiten vorzustellen« (ebd.). Sie ist demnach nicht Lösung, sondern Teil des Problems.

Blicken wir einleitend in der gebotenen Kürze noch einmal zurück. Ausgangspunkt unserer Kritik war das Unbehagen an Meinhofs pauschalen Aussagen zum Verhältnis von Kolonialismus und Moderne (Leanza, Paul 2021: 151 ff.). Wir merkten an, dass seine Argumentation auf einen unzulässigen, die historische Komplexität nicht angemessen reflektierenden Fundierungsdiskurs hinauslaufe und darin den eurozentrischen Positionen und Orientierungen, von denen er sich eigentlich abzusetzen versuche, stark ähnele.

> »Postkolonialismus basiert«, nach Meinhofs Lesart, »auf der Annahme, dass der Kolonialismus die Grundlage und den Entstehungskontext der modernen Gesellschaft darstellt und daher so tief in die Moderne eingeschrieben ist, dass ein Verständnis kolonialer Macht für jegliche Beschäftigung mit der Moderne unablässig ist.« (Meinhof 2020: 413)

Dagegen brachten wir drei Einwände vor: Zunächst problematisierten wir die Kategorien der »Moderne« und des »Kolonialismus«, weil sie nach unserer Einschätzung zu kompakt und polemisch sind, um sie ungebrochen in der soziologischen Analyse zu verwenden (Leanza, Paul 2021: 153 f.). In diesem Zuge diskutierten wir auch Aníbal Quijanos Konzept der »Kolonialität«, das bereits bei Meinhof (2020: 413) eingeführt worden war und jetzt noch einmal ohne substanzielle Erweiterung dargestellt wird (Meinhof, Boatcă 2022: 137). Die im Kolonialismusbegriff ohnehin schon angelegte Tendenz, ein in der sozialen Wirklichkeit vielfach gebrochenes Phänomen zu glätten und totalisieren, werde durch das Abstraktum »Kolonialität« eher noch verstärkt, oder zumindest leiste es keinen für uns greifbaren Beitrag, um konkrete Zusammenhänge und Mechanismen besser zu verstehen (Leanza, Paul 2021: 154 f.). Wir ließen es bei dieser Kritik aber nicht bewenden, sondern machten einen Gegenvorschlag. Auf frühere Forschung aufbauend (Paul, Leanza 2020) warben wir dafür, Kolonialismus als eine spezifische Form der Herrschaft zu verstehen, deren Strukturmerkmale wir idealtypisch bestimmten (Leanza, Paul 2021: 155). Eine Pointe dieses Begriffsverständnisses bestehe darin, dass koloniale Herrschaft nicht auf die europäischen Überseereiche begrenzt sein müsse (und nach unserem Verständnis der historischen Sachverhalte auch nicht war), wodurch sich neuartige Vergleichshorizonte eröffneten.

Unser zweiter Einwand betraf die Frage, ob die These von der kolonialen Herkunft der Moderne historiographisch haltbar ist. Der Befund fiel negativ aus, nicht aber deswegen, weil es keine substanziellen Interdependenzen zwischen Kolonialismus und der Herausbildung gesellschaftlicher Ordnungsstrukturen gegeben hätte, die gemeinhin als »modern« bezeichnet werden, wie zum Beispiel Kapitalismus und Nationalstaaten. Vielmehr sei das relevante Faktorenbündel zu vielfältig, um Meinhofs (2020: 418 f.) schablonenhafte These eines »genuin globalen und genuin kolonialen Charakters der Moderne« aufrechtzuerhalten. Dies haben wir anhand der industriellen und französischen Doppelrevolution zu skizzieren versucht (Leanza, Paul 2021: 156 ff.). Zudem begehe man einen Kategorienfehler, wenn man von einer kausalen Beziehung auf eine Bestimmung inhaltlicher Art (»kolonialer Charakter«) schließe (ebd.: 157).

Der dritte von uns vorgebrachte Einwand adressierte methodologische Probleme. Die von Meinhof formulierte Kritik an den epistemischen Strukturen der Soziologie betonte, dass die aus der Kolonialgeschichte heraus zu erklärende Dominanz des Globalen Nordens im Wissenschaftssystem zu einer systematischen Sichtverengung führe. Danach reflektierten soziologische und anderweitige Theorien zumeist die Erfahrungen partikularer Gruppen in Europa beziehungsweise Nordamerika, stellten diese jedoch als universelle dar. Meinhof fasste dies mit Blick auf den soziologischen Kanon wie folgt zusammen: »Theorie von Europäern für Europäer*innen über Europa.« (2020: 418) Zunächst pflichteten wir bei, dass zwischen den Trägergruppen wissenschaftlicher Disziplinen und den Erkenntnisinhalten und -strukturen ein nicht-zufälliger Zusammenhang bestehe, auf den zu reflektieren sich allemal lohne (Leanza, Paul 2021: 159 f.). Dieser wissenssoziologisch rekonstruierbare Zusammenhang zwischen der Sozial- und Sachdimension von Wissenschaft besitze aber systematische Grenzen (ebd.: 160). In allen Phasen des Forschungsprozesses gelangten Erkenntnistechniken zum Einsatz, die sowohl intersubjektive Überprüf- und Nachvollziehbarkeit als auch eine über den konkreten Entstehungskontext hinausweisende Generalisierbarkeit der gewonnenen Aussagen sichern sollen. Regionale und soziale Identitäten seien zudem häufig nicht eindeutig bestimmbar, was sich nicht zuletzt am postkolonialen Diskurs selbst zeige (ebd.: 159 f.). Im Ergebnis sahen und sehen jedoch auch wir großen Bedarf, Kolonialismus in seinen verschiedenen Erscheinungsformen und Struktureffekten eingehender zu erforschen – nicht nur, aber eben auch in soziologischer Perspektive.

Weder muss man unsere Position teilen, noch die ihr zugrunde liegenden Annahmen kritiklos übernehmen. Aus dem Umstand, dass wir einen monologischen Diskurs, das heißt »eine umfassende Grundsatzdebatte über Postkolonialismus und Soziologie aus postkolonialer Sicht« (Meinhof 2020: 419), für wenig zielführend erachten, lässt sich aber keine Gesprächsverweigerung unsererseits ableiten. Ebenso ist der Versuch, Begriffe empirisch operationalisierbar zu bestimmen, kein Indiz für eine mangelnde Reflexion auf Spielräume in der Theoriekonstruktion. Wir versuchen auch nicht, das »Koloniale« geographisch zu verorten, wie Meinhof und Boatcă (2022: 128, 131, 140 f.) annehmen, sondern erachten diesen und analog gebildete Ausdrücke, nicht zuletzt den von ihnen empfohlenen Begriff der »Kolonialität«, für analytisch wenig brauchbare Abstraktionen, die im besten Fall eine grobe, schlagwortartige Annäherung erlauben. Bereits vor zwei Jahrzehnten merkte Frederick Cooper kritisch dazu an:

»The quest for finding the colonial in all sorts of cultural productions has given rise to a dubious concept of ›coloniality‹ (or post-coloniality, which is no better), as if the experience of having been colonized defines a social or cultural essence, which can be identified independent of anything else colonized people were doing or thinking.« (Cooper 2002: 60)

Stattdessen gelte es, eine Perspektive stark zu machen, die sich für Imperien und ihre (kolonialen) Herrschaftsrepertoires interessiert, die vielschichtigen Erfahrungen der in ihnen agierenden Personen und Gruppen rekonstruiert und Struktureffekte, die bis in unsere Gegenwart fortwirken, auf breiter Grundlage untersucht (Stoler, Cooper 1997). Zu behaupten, der von uns (und anderen) in diesem Zusammenhang verwendete Begriff der »Fremdherrschaft« basiere »auf einem Othering der Kolonisierten« und sei »somit selbst kolonial« (Meinhof, Boatcă 2022: 138), obwohl aus dem Verwendungskontext hervorgeht, dass es sich dabei um eine sozial wahrgenommene Andersartigkeit handelt (Leanza, Paul 2021: 155), ist angesichts des »entgrenzten« Verständnisses von Kolonialität, für das Meinhof und Boatcă werben (2022: 138 f.), vielleicht nur konsequent zu Ende gedacht.

Meinhofs und Boatcăs Position kann aber auch als Ausdruck einer gewissen Konfusion bezüglich wichtiger Fragen der Sozialtheorie und sozialwissenschaftlichen Methodologie betrachtet werden. Wir möchten dies zum Anlass nehmen, um im Folgenden drei Punkte zu diskutieren, die uns in diesem Zusammenhang als besonders relevant erscheinen. Diese betreffen das Verhältnis von Fremdheit und Herrschaft, den Status der komparativen Methode in den historischen Sozialwissenschaften und die Forderung nach paradigmatischer Schließung. Unsere Überlegungen münden in einem Plädoyer, nicht den Kolonialismus*begriff* zu »entgrenzen«, sondern die soziologische Kolonialismus*debatte* zu öffnen, sie jedenfalls nicht auf post- und dekoloniale Ansätze zu verengen.

Fremdheit und Herrschaft

Fremdheit ist ein anthropologisch universaler Sachverhalt und als solcher keine instrumentelle, immer schon auf Unterwerfung oder dauerhafte Beherrschung angelegte Zuschreibung (Waldenfels 2007). Fremdheitserfahrungen resultieren aus der Wahrnehmung eines bislang Unvertrauten und damit buchstäblich Unheimlichen (Freud 1970). Schon und gerade jedes Kind, das sich (s)eine Welt erschließt, erfährt Fremdheit. Diese weckt längst nicht immer seine Neugierde, sondern kann auch ein Moment des Bedrohlichen enthalten. Fremde(s) kennenzulernen, seine oder ihre, sei es geglaubte, sei es gegebene Andersartigkeit, in die eigene, bisherige Um- beziehungsweise Mitwelt einzuordnen, ist eine vom Heranwachsenden bereits in der primären Sozialisation zu erbringende Leistung (Mead 1973: 194 ff.; Berger, Luckmann 1966: 119 ff.). Sie besteht nicht allein darin, das noch Unbekannte unter vertrauten Gesichtspunkten zu betrachten, um es so einordbar zu machen, sondern auch und darüber hinaus, neue, zugleich umfassendere wie differenzsensiblere Kategorien für das Bekannte auszubilden (Piaget 1978). Die anfängliche Selbstläufigkeit dieser Entwicklung darf nicht darüber hinwegtäuschen, dass das Fremdverstehen immer wieder an Grenzen stößt und nach Schütz (1974: 137 ff.) nur annäherungsweise gelingen kann, wie im Übrigen auch die damit verbundene Auslegung der eigenen Bewusstseinsakte. Perspektivenverschmelzung und vollständige Entgrenzung mögen Ideale der Romantik gewesen sein (Dux 1994: 338 ff.). Sie repräsentieren aber nicht die von Perspektivendifferenz und mannigfaltigen Grenzziehungen geprägte Wirklichkeit unseres Alltags.

Was für die Einzelnen gilt, wiederholt sich *mutatis mutandis* auf der Ebene von Gruppen. Diese bilden das soziale Milieu, welches den Individuen nicht nur die geteilten Kategorien einer Kultur, sondern auch deren jeweiligen Gehalt bezüglich des Verhältnisses von Eigenem und Fremdem vermittelt (Lévi-Strauss 1975; 1985). Kulturen sind keine geschlossenen Ganzheiten mit scharfen oder gar unüberwindlichen Grenzen; vielmehr stehen sie in vielfältigen Austausch- und Interaktionsbeziehungen mit anderen Kulturen, ohne dadurch ihre relative Eigenständigkeit und Unterscheidbarkeit zu verlieren. Der Mittelmeerraum gibt vielfältiges Anschauungsmaterial dafür, dass sich kulturelle Identität unter den Bedingungen von Dauerkontakt mit anderen Kulturen herausbilden und reproduzieren kann, ja, dass hier auch keinerlei Widerspruch vorliegt (Braudel, Duby, Aymard 1987). Selbst wenn die Unterscheidung von Vertrautem und Unvertrautem nur relativ ist, der Bereich des Vertrauten oder zumindest Bekannten auch erweitert und das zunächst als unheimlich empfundene Fremde in ein neutrales, wenn nicht gar reizvolles Anderes transformiert werden kann, bleibt die Differenz als solche bestehen. Dass sich die Kulturen der Welt heute als Teil der einen Menschheit begreifen, das heißt als im Prinzip gleiche Träger universeller Rechte, ist alles andere als eine Selbstverständlichkeit (Kohlberg 1996; Stichweh 2010). Die längste Zeit der Geschichte galten Menschen einander nicht als gleich. Für Aristoteles gab es in der *Politik* (I 5, 1254b) bekanntlich naturgegebene Sklaven, die nicht oder nur bedingt an der menschlichen Fähigkeit zur Vernunft partizipierten. Ähnlich asymmetrische Unterscheidungen liegen auch den Gegenbegriffen von »Hellenen« und »Barbaren« sowie »Christen« und »Heiden« zugrunde (Koselleck 1988), wobei derartige Kategorien für ganze Populationen keineswegs auf (proto-)europäische Kulturen beschränkt waren. Die Unterscheidung von zum Dienen bestimmten Hutu und zum Herrschen berufenen Tutsi zum Beispiel ist keine Erfindung europäischer Kolonialisten, auch wenn sie von diesen, unter Beteiligung einflussreicher Tutsi, als Differenz zweier »Rassen« naturalisiert wurde (Chrétien 1985; Vidal 1991). Bereits vor dem europäischen Kolonialismus gab es im Bereich des Kivu-Sees eine Fremdherrschaft, wenn nicht einen »internen« Kolonialismus, einer kriegerischen Elite von Tutsi über die Masse der bäuerlichen Hutu (Paul 2020). Vergleichbare Beispiele ließen sich aus der Geschichte der europäischen Staatsentstehung anführen (Hechter 1975; Weber 1976), was einen Hinweis darauf gibt, dass hier wahrscheinlich ein soziologisch generalisierbares Phänomen vorliegt, das keineswegs auf den europäischen Überseekolonialismus beschränkt war.

Gesellschaftsgeschichtlich ist die Behauptung von nicht beziehungsweise nur schwer überbrückbarer Fremdheit zudem kein Alleinstellungsmerkmal herrschaftsförmig organisierter Verbände, sondern ein verbreiteter Mechanismus der Grenzziehung zwischen In- und Outgroup. Selbst in weitgehend egalitären Jäger- und Sammlergemeinschaften finden sich zahlreiche Beispiele dafür, dass, wer jenseits des Horizonts lebte, eine andere Sprache sprach oder gar anderes aß, prinzipiell verdächtig war (Kohl 2012: 29 ff.). Die Erweiterung der sozialen Kreise über die Horde, den Stamm, die Siedlungs-, Sprach- und Religionsgemeinschaft hinaus, die politische und kulturelle »Ent-Fremdung« anderer, bislang unvertrauter oder gänzlich unbekannter Lebensformen, kurzum die »Normalisierung der Fremdheit« (Stichweh 2010: 166 ff.), stellt einen alles andere als linearen, von Rückschritten freien Prozess dar. Auch ist dieser keineswegs primär, geschweige denn exklusiv, von einem Bemühen um Fremdverstehen und Kommunikation auf Augenhöhe getragen, sondern vielfach von Gewalt, Macht und kultureller Dominanz durchzogen (Bartlett 1993). Mit Bekämpfung, Unterwerfung und Verdrängung von als gegnerisch wahrgenommenen Kollektiven ging in der Geschichte häufig deren Entmenschlichung einher, bisweilen mit dem nicht-intendierten Resultat, die eigene oder fremde Gruppe dadurch fester zusammenzuschweißen oder überhaupt erst als Kollektiv zu konstituieren (Renan 1996). Das gilt nicht nur für die postkolonialen Nationen Asiens und Afrikas, die sich zumeist entlang der in der Kolonialzeit gestifteten Grenzen herausbildeten (Fisch 2010: 232 ff.), sondern auch für die europäischen Staaten. Sie gingen in vielen Fällen aus Kriegen hervor und haben eine lange Gewaltgeschichte hinter sich (Langewiesche 2019). Diese beinhaltete auch zahlreiche Formen des *othering*, die nicht *color-coded* waren, wie zum Beispiel die Diskriminierung gegen Juden und Menschen aus Osteuropa (Broszat 1972; Slezkine 2006: 27 ff.). Ohnehin entwickelte sich die überseeische Expansion in enger Wechselwirkung mit dem kontinentalen Imperialismus in Europa, worauf bereits Hannah Arendt (1986) aufmerksam machte. Dies läuft nicht auf eine falsche Gleichsetzung von Land- und Überseereichen hinaus (Bhambra, Holmwood 2021: 8), sondern erlaubt es, Kontinuitätsmomente sichtbar zu machen. Dass diese Gewaltgeschichte nicht der Vergangenheit angehört, wie eine immer noch weitestgehend kriegsvergessene Soziologie glauben möchte (Joas, Knöbl 2008), zeigt gegenwärtig der russische Angriffskrieg auf die Ukraine. Er stellt die territoriale Integrität, wenn nicht Eigenstaatlichkeit dieser Nation brutal infrage und versucht, sofern man Putins Narrativ von der Heimholung urrussischer Territorien nicht folgen mag, eine durchaus als kolonial zu beschreibende Fremdherrschaft in den eroberten Gebieten zu errichten, inklusive Deportationen und Massaker an der Zivilbevölkerung (Snyder 2022).

Meinhof und Boatcă halten uns aber nicht nur vor, Fremdheit zu essenzialisieren und einen Kolonialismusbegriff zu vertreten, der selbst kolonial sei. Wir wüssten auch nicht hinreichend zwischen Macht und Herrschaft zu differenzieren (Meinhof, Boatcă 2022: 136). Deshalb entginge uns, worin die eigentliche Pointe des Kolonialitätskonzepts liege, nämlich darin, »eine Machtbeziehung zwischen (kolonialen) Zentren und (kolonisierten) Peripherien« (ebd.: 136) zu sein. Einmal abgesehen davon, dass sich das von Quijano als »Kolonialität« bezeichnete Machtmodell ihren Ausführungen zufolge »aus kolonialen Herrschaftsformen heraus entwickelte«, koloniale Herrschaft also kolonialer Macht vorherzugehen scheint, zirkuliere es sodann »zwischen Kolonialreichen und [nicht-kolonialen?; M.L., A.P.] Imperien«, beziehungsweise es manifestiere sich »in verschiedenen Herrschaftspraktiken [sic!] auf verschiedene Weisen«, um »schließlich das Ende kolonialer Herrschaft [zu] überleb[en]« (ebd.: 137). Was soll das heißen?

Natürlich ist es nicht in Stein gemeißelt, wie man Begriffe zu verstehen hat. Sie dürfen und müssen den eigenen Zwecken angepasst werden, was entsprechend auszuweisen ist. Es ist aber guter, von Meinhof und Boatcă ja auch geteilter Usus in der Soziologie, Macht als die umfassendere und Herrschaft als die engere, spezifischer gefasste Kategorie zu gebrauchen. Versteht man Macht etwa mit Max Weber als »jede Chance, innerhalb einer sozialen Beziehung den eigenen Willen auch gegen Widerstreben durchzusetzen, gleichviel worauf diese Chance beruht« (1980: 28), dann fällt darunter schon sehr viel. Der eigene Wille kann sich auf beliebiges Verhalten anderer richten, wobei das Widerstreben des oder der anderen lediglich möglich sein muss, ohne notwendigerweise auch zu erfolgen. Vor allem aber kann, wer Macht ausübt, auf nahezu beliebige Mittel zurückgreifen, um seinen Willen innerhalb einer sozialen Beziehung durchzusetzen. Vom physischen Zwang bis hin zum informellen Einfluss umfasst dies ein ganzes Spektrum an Möglichkeiten. Weber bezeichnet Macht daher als »soziologisch amorph« (ebd.). Foucault, dem wir unter anderem eine empirisch gesättigte und inspirierende Untersuchung neuzeitlicher Sozialdisziplinierungsmechanismen und -institutionen verdanken (1976), übertrifft Weber in seiner Ausdehnung des Machtbegriffs indes noch einmal deutlich, indem er, zumindest in seiner mittleren Phase, auch noch die Akteure streicht, das heißt genauer, sie weniger als Träger denn als Effekt anonymer Machtbeziehungen begreift. Seinem nominalistischen Machtverständnis zufolge sei Macht weder eine Institution noch eine Struktur, auch bezeichne sie »nicht eine Mächtigkeit einiger Mächtiger«. Macht sei lediglich »der Name, den man einer komplexen, strategischen Situation in einer Gesellschaft gibt« (Foucault 1977: 114). Weitet man den Begriff auf eine solche Weise aus, droht er seinen analytischen Sinn zu verlieren, was ein Grund dafür sein dürfte, warum Foucault in seinen späteren Arbeiten Macht noch einmal anders, nämlich vom Problem des Regierens (*gouverner*) her zu denken versuchte (Lemke 1997; Bröckling 2010).

Auch Meinhof und Boatcă plädieren für einen »entgrenzten« Machtbegriff, wenn sie Kolonialität als ein »global zirkulierendes Machtmodell« (2022: 138, 140) beschreiben. Dabei lassen sie jedoch nicht erkennen, worin genau dessen Spezifika bestehen sollen, die es erlaubten, einerseits aus der europäisch-neuzeitlichen Kolonialherrschaft entspringende, andererseits die Moderne gesamthaft durchziehenden Merkmale von – ja, was eigentlich? Ungleichheit, Asymmetrie oder schlicht Differenz? – analytisch zu durchdringen. Wir bezweifeln, dass die gleich auf der ersten Seite ihrer Kritik angemahnte Auseinandersetzung mit der »vorhandene[n] Literatur zu postkolonialer Soziologie« (ebd.: 127; so als ob diese in unserem Beitrag abwesend wäre), in diesem Punkt mehr Klarheit brächte. Sinnvoller erscheint uns, neben anderem, eine Präzisierung der Begriffe »Macht« und »Herrschaft« oder auch die Bildung und Verwendung von Idealtypen, so wie sie von Heinrich Popitz (1992) in seiner Machtphänomenologie auf sozialtheoretischer Ebene vorexerziert und von Trutz von Trotha (1994) hinsichtlich kolonialer Herrschaft weiterentwickelt worden ist.

Die komparative Methode

Selbstredend ist es möglich, über das bei Popitz und von Trotha entfaltete Begriffsinventar hinauszugehen, um weitere, unter Umständen gerade, wenn auch mit an Sicherheit grenzender Wahrscheinlichkeit nicht ausschließlich, für den europäischen Kolonialismus der Neuzeit typische Merkmale sozialer Organisation aufzuschließen. Aber genau darin besteht die zu leistende Aufgabe: Imperien und Phänomene kolonialer Herrschaft, einschließlich ihrer bis heute nachwirkenden Effekte, sind mithilfe des gesamten in der Soziologie verfügbaren Theorien- und Methodenrepertoires zu untersuchen, anstatt die Auseinandersetzung mit diesem Thema von vornherein auf eine bestimmte Perspektive engzuführen. Anstatt die immergleichen Texte und Argumente aus dem Kreis post- und dekolonialer Theorien pflichtschuldig zu diskutieren – brauchen wir tatsächlich noch eine weitere Analyse der diskursiven Konstruktion des kolonialen »Anderen« und der daraus resultierenden Bestimmungen des »Eigenen«? –, täte unser Fach gut daran, die Debatte weiter zu öffnen. Andernfalls droht eine Verengung des Gegenstandsverständnisses, was zu falschen Alternativen und Oppositionsstellungen führen kann.

Dies zeigt sich nicht zuletzt in der von Meinhof und Boatcă (2022: 141) geäußerten Kritik an der komparativen Methode in der sozialwissenschaftlichen Imperien- und Kolonialismusforschung, die ihrer Meinung nach auf der Vorstellung geschlossener »Containerräume« beruhe. Mit viel Begründungsaufwand stellen sie dem ein relationales Raumverständnis entgegen, das es zu untersuchen erlaube, wie räumliche Einheiten durch »globale Verflechtungen« überhaupt erst entstünden (ebd.: 130 ff.). Sicherlich ist eine Betrachtung globaler oder zumindest regionen- und kontinentübergreifender Interdependenzen unabdingbar für ein angemessenes Verständnis der Genese und Gestalt gesellschaftlicher Ordnungsstrukturen, die gemeinhin als »modern« beschrieben werden. Zahllose Studien zur Global- und Imperiengeschichte spüren diesen Zusammenhängen nach, weshalb wir gleich zu Beginn unseres Aufsatzes darauf hinwiesen (Leanza, Paul 2021: 150 f.). Fraglich sei aber, so unsere Anschlussüberlegung (ebd.: 152 f.), ob die Soziologie deshalb schon eine neuartige, aus der Kolonialgeschichte zu entwickelnde Theoriesprache benötige, wie von Meinhof gefordert (2020: 413). Ein methodologischer Globalismus ist genauso wenig überzeugend wie ein methodologischer Nationalismus oder Eurozentrismus (Conrad 2013: 27 f.; Osterhammel 2011: 90 ff.). Man entkommt der einen Einseitigkeit nicht, indem man sie durch eine andere ersetzt. Stattdessen sind Interdependenzen auf verschiedenen Aggregationsebenen oder Skalierungsniveaus zu rekonstruieren, und es ist in erster Linie eine empirisch zu beantwortende Frage, wie weit ausgedehnt im geographischen und sozialen Raum die entsprechenden Interdependenzketten sind. Dies lässt sich nicht *a priori* bestimmen, sondern muss rekonstruktiv erschlossen werden.

Man begibt sich daher auch nicht auf eine problematische »Ursprungssuche« (Meinhof, Boatcă 2002: 134; Anführungszeichen im Original), wenn man neben globalen Verflechtungen auch innereuropäische Konstellationen als relevant oder sogar als ausschlaggebend für die Erklärung eines Phänomens erachtet (zum Beispiel industrielle Revolution). Es ist zudem ein Denkfehler zu meinen, dass man dadurch schon regionale Einheiten, wie hier Europa, als Containerräume hypostasiert hätte. Europa allein oder auch nur vornehmlich als Produkt der Interaktion mit anderen Weltregionen und Gesellschaften zu begreifen, verkennt die Bedeutung lokaler, das heißt innereuropäischer Konstellationen, deren Genese mitunter bis in die Antike zurückreicht. Neben der Betrachtung horizontaler Verflechtungen im Raum muss daher auch die zeitliche Tiefendimension zentral berücksichtigt werden, das heißt in unserem Kontext insbesondere die *longue durée* des römischen Reiches und seiner Nachfolger (Kumar 2021: 24 ff.). Ähnlich gilt für Nationalstaaten, dass sie sowohl durch interne Prozesse als auch durch das Geflecht internationaler Beziehungen, in das sie eingebunden sind, in ihrem Sosein geprägt werden. In seiner Diskussion historiographischer Kontroversen zum Einfluss des British Empire auf die britische Kultur und Gesellschaft bringt dies Krishan Kumar wie folgt auf den Punkt:

»[I]t is simply wrong to think that there is no evidence to examine, that the argument for the impact of the British Empire on British society rests on mere assertion or unsupported assumption. That position is as dogmatic and uninformed as the opposite claim that empire can be found everywhere, in every nook and cranny of British society.« (Kumar 2017: 321)

Es lässt sich danach nicht pauschal festlegen, welches Bündel von Relationen und Interdependenzen zur Beantwortung spezifischer Forschungsfragen das jeweils maßgebliche ist. Dies gilt es vielmehr herauszufinden und empirisch nachzuweisen. Multifaktorielle Gemengelagen dürften dabei den Regelfall bilden. *Eine* Analyseebene als die entscheidende zu postulieren und Erklärungsansätzen, die mehrere oder andere Aggregationsebenen in den Blick nehmen, ein naives Raumverständnis zu unterstellen, führt beim besten Willen nicht weiter.

Nicht minder fragwürdig ist der in diesem Zusammenhang suggerierte Gegensatz zwischen verflechtungs- beziehungsweise transfertheoretischen Ansätzen auf der einen und komparativen Zugriffen auf der anderen Seite. Auch dabei handelt es sich um eine nur scheinbare Alternative. Weder ist der sozialwissenschaftliche Vergleich an ein bestimmtes Raummodell gebunden (Meinhof, Boatcă 2022: 141), noch muss er die Vergleichsgegenstände in Form nicht-falsifizierbarer Idealtypen hypostasieren (Bhambra 2016). Es bedarf lediglich eines *tertium comparationis*, durch das Verschiedenes aufeinander beziehbar wird, um so nach Ähnlichkeiten und Unterschieden fragen zu können. Vergleichsgegenstand können dabei auch die Prozesse sein, in denen sich zum Beispiel Imperien herausbilden, wandeln und desintegrieren (Eisenstadt 1969; Doyle 1986; Go 2011). Ähnlich lassen sich mithilfe komparativer Fallstudien die Mechanismen eruieren, die zu erklären vermögen, warum einige Nationen entlang ethnischer Bruchlinien zerfallen, wohingegen es anderen Ländern gelingt, sich politisch und kulturell zu integrieren (Wimmer 2018). Ein solcher Vergleich muss keineswegs die Existenz stabiler oder gar »primordialer« Gruppenidentitäten annehmen, sondern kann untersuchen, wie diese in sozialen Interaktions- und Austauschprozessen entstehen und Veränderungen durchlaufen (Wimmer 2013).

Aber macht die Interdependenz der Vergleichsobjekte eine komparative Betrachtung nicht logisch unmöglich? Das scheint der Frühneuzeithistoriker Sanjay Subrahmanyam in seinem anregenden und zu Recht vielbeachteten Aufsatz »Connected Histories« nahezulegen, der auch von Meinhof und Boatcă zitiert wird, wenn er schreibt:

> »But ideas and mental constructs, too, flowed across political boundaries in that world, and – even if they found specific local expression – enable us to see that what we are dealing with are not separate and comparable, but connected histories.« (Subrahmanyam 1997: 748)

Nicht getrennte und vergleichbare, sondern verknüpfte Geschichten – so die Gegenüberstellung. Doch vermag das zu überzeugen? Dies wäre unseres Erachtens nur dann der Fall, wenn die Operation des Vergleichs kausale Unabhängigkeit voraussetzen würde. Eine hinreichend deutliche Unterscheidbarkeit der Vergleichsobjekte – seien dies nun Ereignisse, Prozesse oder Strukturen – genügt jedoch vollkommen, um sie in komparativer Absicht betrachten zu können. Auch wenn zum Beispiel die deutschen »Schutzgebiete« in eine übergreifende imperiale Struktur eingebettet waren und zahlreiche Transferprozesse zwischen ihnen stattfanden, lässt sich gewinnbringend nach Ähnlichkeiten und Unterschieden fragen, wie etwa hinsichtlich der sogenannten »Eingeborenenpolitik« (Steinmetz 2008). Im Bereich der Imperien- und Kolonialismusforschung ist ein komparativer Zugriff überdies auch deswegen von herausgehobener Bedeutung, weil politische Eliten häufig die Exzeptionalität ihrer imperialen Projekte betonten, um das eigene Handeln vis-à-vis konkurrierender Mächte als besonders gutartig, ja segensreich für die Menschheit darzustellen (Go 2011; Menger 2022). Zugleich ist aber richtig, dass verflechtungs- und transfertheoretische Betrachtungsweisen eine wichtige und ebenbürtige Ergänzung zur komparativen Methode darstellen, weil sie neue Forschungsfragen ermöglichen und auch ein Korrektiv gegenüber einer allzu einseitigen Fokussierung auf den Vergleich sein können (Werner, Zimmermann 2002). Sie machen auf Verbindungen aufmerksam, die man übersehen würde, setzte man die Vergleichsobjekte unhinterfragt voraus. Dass man aber »durch klare Containerräume überhaupt erst die Möglichkeit gewinnt« (Meinhof, Boatcă 2022: 141), systematische Vergleiche vorzunehmen, die komparative Methode also ihre Vergleichsgegenstände hypostasieren muss, stimmt in dieser Pauschalität nicht. Vielmehr bietet sich eine pragmatische Kombination aller drei Zugriffe – Vergleich, Transfer, Verflechtung – für die Imperien- und Kolonialismusforschung an, was auch längst gängige Praxis ist (Lindner 2011; Kreienbaum 2015; Lerp 2016).

Wider die paradigmatische Schließung

Ein letzter Punkt: Die Unterscheidung zwischen einer gegenstandsnah verfahrenden Kolonialismusforschung und der kritischen Reflexion auf soziologische Kategorien läuft ebenfalls auf eine falsche Gegenüberstellung hinaus. In seinem früheren Text betonte Meinhof (2020: 412) noch, dass es sich bei der Differenz zwischen einer postkolonialen Soziologie, die er als ein erkenntniskritisches Programm einführte, und dem, was er unter dem Rubrum »herkömmlicher (soziologischer) Kolonialismusforschung« verbuchte, um eine bewusste Überzeichnung handle. Nur so könnten »paradigmatische Unterschiede verdeutlicht werden« (ebd.). In dem nun zusammen mit Boatcă verfassten Text wurde aus der absichtlichen Zuspitzung unter der Hand eine scheinbar unüberbrückbare Perspektivendifferenz. Man müsse sich für die eine oder andere Herangehensweise entscheiden, so die Botschaft, »weil beide grundsätzlich völlig unterschiedliche, paradigmenabhängige Erkenntnisinteressen bedienen« (Meinhof, Boatcă 2022: 138). In gewisser Weise ist das nur konsequent. Denn Paradigmata sind, wenn wir der einschlägigen Definition von Thomas S. Kuhn folgen, »nicht nur unvereinbar,[1] sondern oft sogar inkommensurabel« (1976: 116). Das heißt, sie messen das Gelingen beziehungsweise Misslingen wissenschaftlicher Aussagen an unterschiedlichen Maßstäben, die nicht rational von einer dritten Position aus aufeinander beziehbar sind (ebd.: 158 ff.). Paradigmata könnten daher nur schlecht im selben Erkenntnisraum koexistieren, weshalb sie nach Kuhn dazu tendierten, sich in wissenschaftlichen Revolutionen abzulösen, der berühmte »paradigm shift«. Den letzten Schritt scheinen Meinhof und Boatcă (2022: 130) aufgrund ihres Bekenntnisses zur »multiparadigmatischen« Verfasstheit der Soziologie nicht mitgehen zu wollen, erwarten aber zumindest, dass man sich »nach eingehender Lektüre und ohne jegliche Missverständnisse« für oder gegen das postkoloniale Paradigma entscheiden möge, wie sie es verstehen.

1 im Original: incompatible

Doch wofür oder wogegen soll man sich hier eigentlich entscheiden? Die Antwort scheint zumindest vordergründig auf der Hand zu liegen: *für* einen relationalen Raumbegriff und *gegen* ein Denken in Containerräumen, *für* eine globale, epistemisch gerechte Soziologie und *gegen* Eurozentrismus und methodologischen Nationalismus, *für* kritisch-reflexive Theoriearbeit und *gegen* stumpfen Positivismus, das heißt »Perspektivierung statt reiner empirischer Lückenfüllung«, wie dies Meinhof und Boatcă (2022: 129) nicht ganz unbescheiden formulieren. Zweierlei ist daran unplausibel: Zum einen besteht zwischen einer soziologischen Kolonialismusforschung, die gegenstandsnah verfährt, und einer kritischen Reflexion der für die Soziologie erkenntnisleitenden Annahmen und Kategorien keinerlei Widerspruch, sondern im Gegenteil ein grundsätzliches Passungsverhältnis. Dies erkennen Meinhof und Boatcă im Grunde selbst (2022: 140), wenn sie auf die Zirkularität von Theorie und Empirie verweisen, ohne daraus jedoch die notwendige Schlussfolgerung zu ziehen, nämlich dass die vermeintlich inkompatiblen, wenn nicht sogar inkommensurablen Perspektiven in Wahrheit komplementär sind.

Zweitens folgt daraus aber gerade nicht, dass jedwede Beschäftigung mit dem Themenkomplex des Kolonialismus, die reflexiv und erkenntniskritisch verfährt – wie auch sonst? –, allein deshalb schon der Richtschnur postkolonialer Studien folgen muss. Weder füllt die vom französischen Poststrukturalismus inspirierte Analyse von Diskursformationen, Machtverhältnissen und Identitäten, mitunter angereichert durch neomarxistische, dependenztheoretische und psychoanalytische Versatzstücke, den gesamten Raum soziologischer Analyseoptionen aus, noch sind relationale und prozessorientierte Zugänge ein Prärogativ *des* Postkolonialismus (vgl. nur Abbott 2016; Dépelteau 2018), den es in seiner unterstellten paradigmatischen Geschlossenheit ohnehin nicht gibt.

Wenn unsere Überlegungen zutreffen, dann existiert ein systematischer Raum für eine soziologische Auseinandersetzung mit dem Thema des Kolonialismus, die reflexiv und kritisch vorgeht, aber nicht zwingend auf post- und dekoloniale Analyseansätze verpflichtet ist, sondern sich des gesamten Spektrums theoretischer, methodologischer und methodischer Zugänge im Fach bedienen kann. Eine derartige Öffnung der Kolonialismusdebatte beinhaltet mehr als die Forderung nach einer Speziellen Soziologie, weil in der Tat Grundfragen der Gesellschaftstheorie und des disziplinären Selbstverständnisses berührt sind, ohne deswegen jedoch eine bestimmte Denktradition als verbindlich vorauszusetzen.

Literatur

Abbott, Andrew 2016: Processual Sociology. Chicago: The University of Chicago Press.

Arendt, Hannah 1986 [1951]: Elemente und Ursprünge totaler Herrschaft. Antisemitismus, Imperialismus, totale Herrschaft. München: Piper.

Bartlett, Robert 1993: The Making of Europe. Conquest, Colonization and Cultural Change, 950–1350. London: Penguin.

Berger, Peter L. / Luckmann, Thomas 1966: The Social Construction of Reality. A Treatise in the Sociology of Knowledge. New York: Doubleday & Company.

Bhambra, Gurminder K. 2016: Comparative Historical Sociology and the State: Problems of Method. Cultural Sociology, vol. 10, no. 3, 335–351.

Bhambra, Gurminder K. / Holmwood, John 2021: Colonialism and Modern Social Theory. Cambridge: Polity.

Braudel, Fernand / Duby, Georges / Aymard, Maurice 1987: Die Welt des Mittelmeers. Frankfurt am Main: Fischer.

Bröckling, Ulrich 2010: »Nichts ist politisch, alles ist politisierbar« – Michel Foucault und das Problem der Regierung. In Michel Foucault, Kritik des Regierens. Schriften zur Politik, hrsg. von Ulrich Bröckling. Berlin: Suhrkamp, 401–439.

Broszat, Martin 1972: Zweihundert Jahre deutsche Polenpolitik. Frankfurt am Main: Suhrkamp.

Chrétien, Jean-Pierre 1985: Hutu et Tutsi au Rwanda et au Burundi. In Elikia M'Bokolo / Jean-Loupe Amselle (eds.), Au Cœur de l'ethnie. Ethnies, tribalisme et État en Afrique. Paris: La Découverte, 129–165.

Conrad, Sebastian 2013: Globalgeschichte. Eine Einführung. München: Beck.

Cooper, Frederick 2002: Decolonizing Situations: The Rise, Fall, and Rise of Colonial Studies, 1951–2001. French Politics, Culture & Society, vol. 20, no. 2, 47–76.

Dépelteau, François 2018: The Palgrave Handbook of Relational Sociology. London: Palgrave Macmillan.

Doyle, Michael W. 1986: Empires. Ithaca: Cornell University Press.

Dux, Günter 1994: Geschlecht und Gesellschaft. Warum wir lieben. Die romantische Liebe nach dem Verlust der Welt. Frankfurt am Main: Suhrkamp.

Eisenstadt, Shmuel N. 1969: The Political Systems of Empires. New York: Free Press.

Fisch, Jörg 2010: Das Selbstbestimmungsrecht der Völker. Die Domestizierung einer Illusion. München: Beck.

Foucault, Michel 1976: Überwachen und Strafen. Die Geburt des Gefängnisses. Frankfurt am Main: Suhrkamp.

Foucault, Michel 1977: Der Wille zum Wissen. Sexualität und Wahrheit I. Frankfurt am Main: Suhrkamp.

Freud, Sigmund 1970 [1919]: Das Unheimliche. In Sigmund Freud Studienausgabe, Band 4: Psychologische Schriften, hrsg. von Alexander Mitscherlich / Angela Richards / James Strachey. Condito humana. Ergebnisse aus den Wissenschaften vom Menschen. Frankfurt am Main: Fischer, 241–274.

Go, Julian 2011: Patterns of Empire. The British and American Empires, 1688 to the Present. Cambridge: Cambridge University Press.

Hechter, Michael 1975: Internal Colonialism: The Celtic Fringe in British National Development, 1536–1966. London: Routledge and Kegan Paul.

Joas, Hans / Knöbl, Wolfgang 2008: Kriegsverdrängung. Ein Problem in der Geschichte der Sozialtheorie. Frankfurt am Main: Suhrkamp.

Kohl, Karl-Heinz 2012: Ethnologie – die Wissenschaft vom kulturell Fremden. Eine Einführung. 3. erw. Auflage. München: Beck.

Kohlberg, Lawrence 1996: Die Psychologie der Moralentwicklung. Frankfurt am Main: Suhrkamp.

Koselleck, Reinhart 1988: Zur historisch-politischen Semantik asymmetrischer Gegenbegriffe. In Reinhart Koselleck, Vergangene Zukunft. Zur Semantik geschichtlicher Zeiten. Frankfurt am Main: Suhrkamp, 211–259.

Kreienbaum, Jonas 2015: »Ein trauriges Fiasko«. Koloniale Konzentrationslager im südlichen Afrika 1900–1908. Hamburg: Hamburger Edition.

Kuhn, Thomas S. 1976: Die Struktur wissenschaftlicher Revolutionen. Zweite revidierte und um das Postskriptum von 1969 ergänzte Auflage. Frankfurt am Main: Suhrkamp.

Kumar, Krishan 2017: Visions of Empire: How Five Imperial Regimes Shaped the World. Princeton, NJ: Princeton University Press.

Kumar, Krishan 2021: Empires. A Historical and Political Sociology. Cambridge: Polity.

Langewiesche, Dieter 2019: Der gewaltsame Lehrer. Europas Kriege in der Moderne. München: Beck.

Leanza, Matthias / Paul, Axel T. 2021: Kolonialismus und globale Moderne. Jenseits der Vereinfachungen. SOZIOLOGIE, 51. Jg., Heft 2, 150–165.

Lemke, Thomas 1997: Eine Kritik der politischen Vernunft. Foucaults Analyse der modernen Gouvernementalität. Berlin: Argument.

Lerp, Dörte 2016: Imperiale Grenzräume. Bevölkerungspolitiken in Deutsch-Südwestafrika und den östlichen Provinzen Preußens 1884–1914. Frankfurt am Main, New York: Campus.

Lévi-Strauss, Claude 1975 [1952]: Rasse und Geschichte. In Claude Lévi-Strauss, Strukturale Anthropologie II. Frankfurt am Main: Suhrkamp, 363–407.

Lévi-Strauss, Claude 1985 [1971]: Rasse und Kultur. In Claude Lévi-Strauss, Der Blick aus der Ferne. München: Fink, 21–52.

Lindner, Ulrike 2011: Koloniale Begegnungen. Deutschland und Großbritannien als Imperialmächte in Afrika 1880–1914. Frankfurt am Main, New York: Campus.

Mead, George H. 1973 [1934]: Geist, Identität und Gesellschaft aus Sicht des Sozialbehaviorismus. Mit einer Einleitung herausgegeben von Charles W. Morris. Frankfurt am Main: Suhrkamp.

Meinhof, Marius 2020: Postkoloniale Soziologie oder Soziologie des Kolonialismus? Irritationspotentiale postkolonialen Denkens für die Soziologie. SOZIOLOGIE, 49. Jg., Heft 4, 410–422.

Meinhof, Marius / Boatcă, Manuela 2022: Postkoloniale Perspektivierung der Soziologie. Von Äpfeln und Birnen in der gegenwärtigen Debatte. SOZIOLOGIE, 51. Jg., Heft 2, 127–144.

Menger, Tom 2022: Concealing Colonial Comparability: British Exceptionalism, Imperial Violence, and the Dynamiting of Cave Refuges in Southern Africa, 1879–1897. The Journal of Imperial and Commonwealth History, doi: 10.1080/03086534.2022.2057742.

Osterhammel, Jürgen 2011: Globalizations. In Jerry H. Bentley (ed.), The Oxford Handbook of World History. Oxford: Oxford University Press, 89–104.

Paul, Axel T. / Leanza, Matthias (eds.) 2020: Comparing Colonialism: Beyond European Exceptionalism. Comparativ, vol. 30, no. 3/4.

Paul, Axel T. 2020: Colonizing Colonizers: On the Colonial Transformation of »Pre-Colonial« Rwanda. In Axel T. Paul / Matthias Leanza (eds.), Comparing Colonialism: Beyond European Exceptionalism. Comparativ, vol. 30, no. 3/4, 353–371.

Piaget, Jean 1978 [1947]: Das Weltbild des Kindes. Stuttgart: Klett-Cotta.

Popitz, Heinrich 1992: Phänomene der Macht. 2. erw. Aufl. Tübingen: Mohr (Siebeck).

Renan, Ernest 1996 [1882]: Was ist eine Nation? Hamburg: Europäische Verlagsanstalt.

Schütz, Alfred 1974 [1932]: Der sinnhafte Aufbau der sozialen Welt. Eine Einleitung in die verstehende Soziologie. Frankfurt am Main: Suhrkamp.

Slezkine, Yuri 2006: Das jüdische Jahrhundert. Göttingen: Vandenhoeck & Ruprecht.

Snyder, Timothy 2022: The War in Ukraine Is a Colonial War. The New Yorker. https://www.newyorker.com/news/essay/the-war-in-ukraine-is-a-colonial-war, letzter Aufruf am 13. Juli 2022.

Steinmetz, George 2007: The Devil's Handwriting. Precoloniality and the German Colonial State in Qingdao, Samoa, and Southwest Africa. Chicago: The University of Chicago Press.

Stichweh, Rudolf 2010: Der Fremde. Studien zur Soziologie und Sozialgeschichte. Berlin: Suhrkamp.

Stoler, Ann L. / Cooper, Frederick 1997: Between Metropole and Colony: Rethinking a Research Agenda. In Frederick Cooper / Ann L. Stoler (eds.), Tensions of Empire. Colonial Cultures in a Bourgeois World. Berkeley: University of California Press, 1–56.

Subrahmanyam, Sanjay 1997: Connected Histories: Notes Towards a Reconfiguration of Early Modern Eurasia. Modern Asian Studies, vol. 31, no. 3, 735–762.

Vidal, Claudine 1991: Sociologie des passions (Rwanda, Côte d'Ivoire). Paris: Karthala.

von Trotha, Trutz 1994: Koloniale Herrschaft. Zur soziologischen Theorie der Staatsentstehung am Beispiel des »Schutzgebietes Togo«. Tübingen: Mohr (Siebeck).

Waldenfels, Bernhard 2007: Das Fremde denken. Zeithistorische Forschungen, 4. Jg., Heft 3, 361–388.

Weber, Eugen 1976: Peasants into Frenchmen: The Modernization of Rural France, 1870–1914. Stanford: Stanford University Press.

Weber, Max 1980 [1922]: Wirtschaft und Gesellschaft. Grundriß der verstehenden Soziologie. 5. rev. Auflage. Tübingen: Mohr (Siebeck).

Werner, Michael / Zimmermann, Bénédicte 2002: Vergleich, Transfer, Verflechtung. Der Ansatz der Histoire croisée und die Herausforderung des Transnationalen. Geschichte und Gesellschaft, 28. Jg., Heft 4, 607–636.

Wimmer, Andreas 2013: Ethnic Boundary Making. Institutions, Power, Networks. Oxford: Oxford University Press.

Wimmer, Andreas 2018: Nation Building. Why Some Countries Come Together While Others Fall Apart. Princeton, NJ: Princeton University Press.

Soziologie, 51. Jg., Heft 4, 2022, S. 397–400

Was ist »kolonial«?

Eine Klarstellung

Manuela Boatcă, Marius Meinhof

In der Debatte um postkoloniale Soziologie haben Leanza und Paul ihre Position noch einmal bekräftigt und nun auch theoretisch zu begründen versucht. Die Differenzen in den Perspektiven sind damit deutlich geworden; eine weitere Replik würde Gefahr laufen, die Debatte im Kreis laufen zu lassen. Sinnvoller erscheint es, diese Perspektiven nun für interessante Forschung zu nutzen und zu sehen, was dabei herauskommt.

Dennoch möchten wir ein besonderes Missverständnis zwischen den Texten klären. Leanza und Paul gehen davon aus, dass wir ihre Kolonialismusdefinition als »selbst kolonial« kritisieren, weil sie den Begriff »Fremdherrschaft« nutzten, und wehren sich gegen diese unzulässige Ausweitung des Begriffes »kolonial«. In der Tat ist es, bei allem berechtigten Vorbehalt gegen den Begriff des »Fremden«, kaum einleuchtend, das Wort »Fremdherrschaft« an sich als »kolonial« zu verurteilen. Dies ist viel zu sehr von spezifischen historischen Kontexten abhängig.

Leanza und Pauls Antwort basiert allerdings auf einem Missverständnis unseres Argumentes. Tatsächlich wollten wir die Kompatibilität unserer Perspektiven betonen. Wir argumentieren, dass Perspektiven auf Herrschaft und auf Macht einander ergänzen müssen:

> »Ohne ein Verständnis der formalen kolonialen Herrschaft ist eine Theorie kolonialer Macht auf Sand gebaut, umgekehrt benötigt aber, wie sich an Paul und Leanzas eigener Definition zeigt, eine Forschung über formale Herrschaft auch ein Verständnis kolonialer Macht.« (Meinhof, Boatcă 2022: 138)

Wir wollten verdeutlichen, dass es bei Leanza und Pauls Definition von Kolonie im Kern um die sozial konstruierte Klassifizierung als »fremd«, »anders«, »minderwertig« geht – also um ein Machtmodell, wie es auch etwa

Quijano beschreibt, der es jedoch als dezidiert kolonial-kapitalistische Überformung früherer, auch antiker Vorstellungen von Fremdheit und Differenz analysiert. Diese soziale Klassifizierung, für die sich Leanza und Paul zentral interessieren, ist aber selbst kolonial – also (aus der Perspektive postkolonialer Theorien) ein Resultat der europäischen Kolonialexpansion im Zuge der Entstehung einer kapitalistischen Weltwirtschaft. Die »Fremdheit« ist in diesem Sinne nicht einfach da, bevor die koloniale Herrschaft stattfindet, sondern sie wurde als Teil des kolonialen Machtmodells konstruiert, und ältere Vorstellungen von Fremdheit wurden in kolonialen Herrschaftszusammenhängen und Deutungskämpfen verändert, verfestigt, herausgefordert und so weiter. In unserer Replik wollten wird daher hervorheben, dass eine Perspektive, in der sich ein Blick auf das koloniale Machtmodell und ein Blick auf koloniale Herrschaft gegenseitig ergänzen, auch für Leanza und Pauls Definition vorteilhaft wäre, weil eine Thematisierung von Wissen-Macht als zentralem Element kolonialer Herrschaft die Möglichkeit eröffnen würde, das Spiel der Differenzen in der kolonialen Herrschaft, etwa Kämpfe um Othering, »Zivilisierung«, Hybridisierung und so weiter als dynamischen historischen Prozess zu analysieren. Also etwa: Warum wer wen in welchen Kontexten als fremd darstellte, begründet durch Herrschaftsinteressen, aber auch etwa als Widerstand gegen Repression.

Damit sollte also nicht argumentiert werden, dass Leanza und Pauls Definition selbst koloniale Diskurse reproduziert – die beiden Autoren haben sehr deutlich gemacht, dass sie die Idee der »Minderwertigkeit« der Beherrschten nicht teilen. Vielmehr ist unser Argument, dass die Definition selbst nicht ohne eine Theorie über ein Machtmodell spezifisch kolonialer sozialer Klassifizierungen auskommt. Deshalb argumentieren wir auch:

> »Dabei sind beide Perspektiven – auf formale koloniale Herrschaft und auf die Kolonialität der Macht – für die Soziologie gewinnbringend. Innerhalb postkolonialer Soziologie lassen sie sich nicht gegeneinander ausspielen, sondern können einander ergänzen.« (Ebd.)

Postkoloniale Theorien, die sich seit Jahrzehnten intensiv mit der Frage der sozialen Klassifizierung im Kolonialismus beschäftigen, könnten Leanza und Pauls Definition ergänzen, präzisieren und dabei helfen, eine unreflektierte Voraussetzung des Begriffes der »Fremdheit« als analytischen Begriff zu vermeiden. Zugleich müssen Formen der Exklusion, folgt man einer postkolonialen Perspektive, nicht zwingend auf »koloniale« Elemente reduziert werden, sondern können zum Beispiel auch in Wechselwirkung mit diesen betrachtet werden. Dies scheint uns auch in den zahlreichen neuen, von Leanza und Paul in ihrem neuen Text knapp angerissenen Beispielen, die oft über Kolonialismus im engeren Sinne hinausgehen, plausibel zu sein. Beispielsweise wurde die ältere Diskriminierung gegenüber Osteuropäer*innen im Laufe der Zeit durchaus über rassistische Vorstellungen farbcodiert, wenn auch weniger eindeutig codiert und weiterhin kontextabhängig (Bakić-Hayden 1995; Böröcz 2008: 132). Die Zuschreibung von »Fremdheit« veränderte sich historisch im Kontext verschiedener Machtmodelle. Daher wollten wir betonen, dass es gewinnbringend wäre, *sowohl* die Institutionen kolonialer Herrschaft *als auch* die Modelle kolonialer Macht und kolonialer Macht-Wissens-Komplexe in den Blick zu nehmen.

Bedauerlicherweise haben Leanza und Paul aus unserer Argumentation geschlossen, wir würden ihre Definition (und nicht etwa das Machtmodell, auf das sich die Definition zentral bezieht) als kolonial bezeichnen. Unsere Schlussfolgerung lautet dabei im Original: »Doch damit steht im Zentrum der Definition von Paul und Leanza eben ein Machtmodell, das auf einem Othering der Kolonisierten basiert und somit selbst kolonial ist.« (Meinhof, Boatcă 2022: 138). Syntaktisch sollte offensichtlich sein, dass »selbst kolonial« sich auf »Machtmodell« bezieht, nicht auf Leanza und Pauls Definition. Aber im gegenwärtigen Klima des wechselseitigen Missverstehens muss wohl ein noch größeres Augenmerk als in herkömmlichen Debatten darauf gerichtet werden, derartige Missverständnisse zu vermeiden. Wenn Leanza und Pauls Lesart unseres Argumentes durch die Formulierung »selbst kolonial ist« provoziert wurde, so tut uns dies leid. Im Kontext des gesamten Absatzes erschien unser Argument aus unserer Sicht offensichtlich darauf hinauszulaufen, dass sich der Blick auf koloniale Herrschaft wie bei Leanza und Paul, und der Blick auf koloniale Macht, wie er in vielen postkolonialen Theorien bevorzugt wird, wechselseitig bedingen und aufeinander aufbauen müssen.

Leanza und Paul haben in ihrer Replik nun ihre eigene theoretische Herleitung des Begriffes der Fremdheit angeboten, der nicht auf post- und dekolonialen Theorien beruht. Somit eignet sich ihre Replik sicher auch als Antwort auf unser eigentliches Argument. Sie zeigen, dass sie ihre Perspektive auf »Fremdheit« theoretisch begründen können, ohne auf postkoloniale Theorien zurückzugreifen. Ob dieser Begriff der Fremdheit geeigneter ist als der durch post- und dekoloniale Theorien informierte Blick auf Othering, der zwischen kolonialer und imperialer Differenz unterscheidet, sei dahingestellt. Wir möchten jedoch das Missverständnis, dass wir Leanza und Pauls

Definition als koloniale Denkweise kritisieren, nicht für zukünftige Diskussionen im Raum stehen lassen.

Dies ist uns auch deshalb wichtig, weil es offensichtlich viele Gemeinsamkeiten zwischen den Ansätzen gibt, zum Beispiel die Thematisierung der fortdauernden Bedeutung von (kolonialer) Gewalt, des Fortdauerns imperialistischer Projekte und der Kämpfe um Selbstdeterminierung in der Gegenwart, die nun auch Leanza und Paul ansprechen – und damit verdeutlichen, dass es ihnen wohl doch nicht ausschließlich um einen schon vergangenen Kolonialismus geht, sondern durchaus um eine Analyse der Moderne. Dies macht es aber für uns noch verwunderlicher, mit welcher Entschiedenheit die beiden Autoren unser Argument, sich auf die theoretischen Angebote der postkolonialen Soziologie zumindest versuchsweise einzulassen, zurückweisen. Für eine Öffnung der Debatte für diese und mehr Perspektiven sprechen wir uns jedoch hiermit auch ausdrücklich aus.

Literatur

Bakić-Hayden, Milica 1995: Nesting Orientalisms: The Case of Former Yugoslavia. Slavic Review, vol. 54, no. 4, 917–931.

Böröcz, József 2006: »Goodness is Elsewhere: The Rule of European Difference. Comparative Studies in Society and History, vol. 48, no.1, 110–138.

Meinhof, Marius / Boatcă, Manuela 2022: Postkoloniale Perspektivierung der Soziologie. Von Äpfeln und Birnen in der gegenwärtigen Debatte. SOZIOLOGIE, 51. Jg., Heft 2, 127–144.

Soziologie, 51. Jg., Heft 4, 2022, S. 401–437

Symposion

Plagiate

Einleitung

Dirk Baecker

Plagiate behaupten fremde Leistungen als Eigenleistung und sind ein Fall für Prüfungs- und Promotionsverfahren. Die Anmaßung ändert an der Wahrheit oder Unwahrheit der angemaßten Aussagen nichts, unterläuft jedoch die personelle Zurechnung der Aussagen immer dann, wenn es auf diese Zurechnung in Prüfungen und bei der Vergabe von akademischen Titeln ankommt.

Dennoch zeigen die Fälle und Diskussionen der vergangenen Jahre, dass man es sich zu einfach macht, wenn man die Auseinandersetzung mit Plagiaten Verwaltungsgerichten – denn Prüfungsbescheide und Titelvergaben sind Verwaltungsakte – überlässt. Man empört sich moralisch. Und man stellt die Frage nach der Autorschaft. Die moralische Empörung könnte man sich selbst überlassen, sie hat nur Folgen für die Einschätzung einer Person. Aber die Frage der Autorschaft reicht tiefer. Kann es sein, dass ein:e Autor:in nichts anderes ist als einer der Paratexte, die wie der Titel eines Buches, Verlagsort und Verlag, Inhaltsverzeichnis und Klappentext zum »Beiwerk des Buches« (Gérard Genette) zählen und den Text mit ihren eigenen Narrativen nur rahmen? Bündelt der Name des/der Autor:in eine Aufmerksamkeit, die mit einem Text viel zu schnell fertig ist, sei es ab- oder aufwertend? Sollte man nicht so oder so, wie es hochkarätige Magazine wie etwa der *Economist* vorexerzieren, auf die Nennung von Autor:innen ganz verzichten? Gibt es neben dem juristischen auch ein akademisches, gar wissenschaftliches Interesse an der Offenlegung des Namens und dann auch Sorgfalt und Ehrlichkeit einer Autor:in?

Man könnte an Probleme der Rekrutierung denken. Wer will noch leisten, wenn sie oder er mit Namen nicht genannt wird? Man könnte an Probleme der Selbstorganisation der Wissenschaft angesichts einer Flut von Veröffentlichungen denken: Autor:innennamen ermöglichen die Konjunktur der Reputation. Und natürlich gibt es Verwertungsrechte, auf die das Urheberrecht zielt.

Die folgenden Beiträge zu einem Symposion über Plagiate sichten einige der Dimensionen einer Diskussion, die über juristische und moralische Fragen hinausreicht. Es gibt keinen Anlass abzuwiegeln. Das Interesse an einer Aufdeckung von Plagiaten in Prüfungsleistungen und wissenschaftlichen Texten bleibt bestehen. Immerhin liefert dieses Interesse einen Beitrag zur Frage, wie man Autor:innen ermutigen kann, ihrer persönlichen und insofern subjektiven Perspektive auf eine Fragestellung gerecht zu werden, ja diese Perspektive zu allererst zu finden. Die Gegenstände auch der Wissenschaft sprechen nicht von selbst. Sie werden zur Sprache gebracht. Darauf zielt sowohl die moralische Erwartung als auch die Frage nach der Autorschaft: Wer spricht? Und aus welcher Perspektive? Es gibt keine Objektivität, die es erlauben würde, diese beiden Fragen nicht ständig mitlaufen zu lassen, immer wieder zu reflektieren und zu beantworten.

Prekäre Nachahmungen

Einige Anmerkungen zum geistigen Eigentum

Armin Nassehi

Der Vorstand der DGS hat am 3. Juni 2022 eine kurze Stellungnahme zum seriellen Plagiatsfall Koppetsch publiziert.* Man kann geteilter Meinung darüber sein, ob es die Aufgabe einer Fachgesellschaft ist, sich von einzelnen Mitgliedern zu distanzieren, wenn diese offenkundig ungenau gearbeitet und womöglich strafrechtlich oder beamtenrechtlich relevante Verfehlungen begangen haben. Womöglich wird erst durch die Stellungnahme aus dem Fall »Koppetsch« ein Fall »Soziologie« – denn niemand bei Trost wäre vorher auf die Idee gekommen, die Soziologie als fachwissenschaftliche Disziplin

* *Anm. der Redaktion*: Die Stellungnahme findet sich in diesem Heft auf Seite 456.

könne in den Verdacht geraten, Plagiate gutzuheißen. Wozu die wohlfeile Zitation der eigenen ethischen Regeln dienen soll, erschließt sich nicht von selbst. Ist man sich der Sache nicht so sicher?

Wenn man sich als Fachgesellschaft überhaupt dazu äußert, wäre es vielleicht wünschenswert gewesen, wenn man ein fachwissenschaftliches, in diesem Falle soziologisches Argument dazu gehört hätte. Der Hinweis auf die Unterfinanzierung der Universitäten und die prekären Arbeitsverhältnisse des Mittelbaus hört sich zwar fast so an und war womöglich als ein soziologisches Argument gedacht – aber es ist ein so erwartbarer Reflex, dass es kaum zum Argument taugt. Und mit diesem Fall und der Sache hat das schlicht nichts zu tun. Man kann nicht alles, was in der Wissenschaft schiefläuft, mit deren Unterfinanzierung erklären, selbst wenn man nur als Interessenverband und dann doch nicht als Fachverband auftritt.

Gestolpert bin ich darüber, wie man als Soziologin oder Soziologe formulieren kann, dies betreffe »im Zusammenhang mit dem aktuellen Fall insbesondere die Verpflichtung aller wissenschaftlichen Autorinnen und Autoren, fremdes geistiges Eigentum in eigenen Texten auszuweisen und nach den Standards sozialwissenschaftlichen Zitierens kenntlich zu machen.« Dass man den juristischen Begriff »fremdes geistiges Eigentum« so unreflektiert und unkritisch übernimmt, darf schon verwundern. Wenn publizierte Sätze nur dann als Nicht-Zitat ausgewiesen werden dürfen, wenn sie explizit vollständig eigenes »geistiges Eigentum« sind, bekommen wir es mit Problemen auf unterschiedlichen Ebenen zu tun. Die eine Ebene ist eine Art Geniekult, der so tut, als beginne jeglicher legitime Text in einer logischen Sekunde vor der Schöpfung eines je eigenen Gedankens in einer nicht bereits ausgelegten Welt. Die andere Ebene ist die, dass kommunikationsförmige Wissenschaft als Kommunikation stets an vorherige Kommunikation anschließt und gar nicht anders kann, als »geistiges Eigentum« mitzuführen, das »eigen« zu nennen die empirische Verfasstheit von Kommunikation, gerade wissenschaftlicher Kommunikation unterbietet.

Was im juristischen Sinne allein als »Plagiat« zu gelten hat, ist die Übernahme von identischen oder nur gering abweichenden Formulierungen, also Wort- und Satzsequenzen, deren Identität mehr auf der Zeichen- als auf der Bedeutungsebene angesiedelt ist. »Geistiges Eigentum« ist in diesem Sinne nichts anderes als die Identität von Zeichen-/Wort-/Satz-Reihen ohne den expliziten Hinweis darauf, dass diese Reihen schon zuvor irgendwo stehen und einem Autor oder einer Autorin zugerechnet werden. Und um es deutlich zu sagen: Das ist eine Form, die tatsächlich rechtlich problematisch und wissenschaftlich unangemessen ist und entsprechend geahndet werden muss. Es geht hier nicht darum, Plagiate zu rechtfertigen, sondern einen wenigstens soziologisch informierten Umgang mit dem Problem anzumahnen. Die Distanzierung von einer Wiederholungstäterin ist eine allzu wohlfeile Tugendanzeige.

Wer darin das Problem der Übernahme »geistigen Eigentums« schon für angemessen beschrieben hält, kann womöglich nicht ermessen, wie sehr fast alles, was wir als Wissenschaftlerinnen und Wissenschaftler schreiben, von vorherigen kommunikativen Erregungszuständen abhängig ist, über die wir selbst nicht wirklich verfügen. Wir arbeiten alle unvermeidlich mit Formulierungen, die dem Fachdiskurs entstammen, wir verwenden Begriffe wie Differenzierung, Kapitalismus, Rolle, Gesellschaft, Gemeinschaft, Organisation, Ungleichheit, Macht, Klasse, Milieu, Präferenz, Kultur, System und vieles mehr, ohne das tatsächlich jeweils direkt ausweisen zu müssen – und ohne dass es sich dabei um geistiges Eigentum in dem Sinne handelt, dass es nur dem jeweiligen Sprecher oder der jeweiligen Sprecherin zugerechnet werden kann. Und das gilt nicht nur für Begriffe, sondern für ganze Sentenzen, für einen Kommunikationsstil, für Basiswissen und für Dinge, die sich kommunikativ institutionalisiert haben. Es sind kommunikative Elemente und Spuren, die eher uns zu Wissenschaftlern machen als umgekehrt. Nur deshalb kann man Soziologinnen und Soziologen schon am Sprachspiel, an der Semantik, an der Selektivität der Begriffe und an einer bestimmten Denkungsart identifizieren. Es ist das geistige Eigentum – wenn man schon will – bestimmter Fachdiskurse, an denen wir teilhaben und die es uns überhaupt ermöglichen, uns innerhalb des Wissenschaftssystems zumindest bei denen und für diejenigen verständlich zu machen, die an ähnliche Diskurse anschließen können. Und wer wenn nicht wir weiß, wie voraussetzungsreich alle Bedeutung ist und wie wenig der einzelne kommunikative Akt selbst über sich verfügen kann? Da werden ganze Bibliotheken über Diskurse und Deutungsmuster, über Erwartungen und Erwartungserwartungen, über Boden und Horizont, über Habitus und Normen, über Erwartbarkeiten und Anschlussfähigkeiten, über Strukturen und Funktionen, über Handlungsmuster und Typologien, über Stereotype und Vorurteile, über *role taking* und Sozialisation, über latente Bedeutungen und gruppen- und funktionsspezifische Codes vollgeschrieben – und dann bleibt nichts anderes, als bei einer zu offenkundigen Wiederholung gleicher Formulierungen auf »geistiges Eigentum« zu kommen? Wenn das so wäre, müssten wir alle schweigen (ob das die Welt schlechter machen würde, sei dahingestellt) – oder wir verwechseln geistiges Eigentum mit identischen Wort-/Satz-Ketten und Formulierungen und der Vermeidung unvorsichtiger Zitationsformen. Dafür reicht dann das Recht – und auch da ist es nicht ganz trivial, ob Art. 14 GG umstandslos auf Texte anwendbar ist.

Und dennoch stellen sich Plagiatsfragen zurecht – dort, wo es um originäre Gedanken oder Formulierungen geht, wo also Unverwechselbares behauptet wird – entweder in Form oder Inhalt. Dass das in erster Linie an literarischen Texten und an patentierbaren Lösungen auffällt, liegt sicher daran, dass literarische Texte nicht nur unter Was-, sondern auch unter Wie-Aspekten beobachtet werden und Patente gerade vom Unterschied zu anderen Lösungen zehren. Die ästhetische Dimension literarischer Texte hängt tatsächlich an konkreten Zeichensequenzen, wie ja alles, was im weitesten Sinne unter Kunstverdacht gerät, zwischen Kontingenz und Notwendigkeit changiert. In einem literarischen Text auch nur eine Formulierung zu ändern, zerstört den Text letztlich. Und auch bei patentierbaren Lösungen hängt es vor allem an der konkreten Idee und ihrer technischen oder textlichen Darstellung, also auch hier an der unverwechselbaren Konkretion.

In wissenschaftlichen Texten dagegen geht es primär darum, was da gesagt wird und wem man welches Wissen zu verdanken hat; in literarischen vor allem darum, wie und in welcher Form etwas sprachlich/textlich präsentiert wird. Diese Diskussion setzt aber voraus, dass es um etwas Originäres geht – deshalb kann man auch patentierbare und mustergeschützte Gegenstände, Designs, Gebäude, Kleidungsstücke oder Karosserien plagiieren (vielleicht ist es hier viel eindeutiger, was denn nun ein Plagiat ist, weil man es mit vergleichbaren Gegenständen zu tun hat).

Interessant ist eher, dass die meisten Text-Plagiate ohne digitale Unterstützung unsichtbar bleiben. Das liegt schlicht daran, dass die meiste Kommunikation, die uns im Alltag streift, nur wenig Informationswert hat und sich ziemlich musterhaft gleicht, was wohl auch eine der latenten Bedingungen für die Illusion des wechselseitigen Verstehens ist. Wir sind, auch wissenschaftlich, an unfassbar viele ähnliche Formulierungen gewöhnt. Die Kehrseite dessen ist übrigens die computertechnische Möglichkeit, durch Mustererkennung bei apokryphen Texten den Entstehungskontext oder sogar den Autor oder die Autorin zu identifizieren, ganz abgesehen davon, dass schon die klassische Hermeneutik in erster Linie eine Mustererkennungsdisziplin war.

Fast alle öffentlich verhandelten Themen leben vor allem von Nachahmung im Sinne von Gabriel de Tarde. De Tarde hat empfohlen, sich nicht für die herausragenden Kulturwerke zu interessieren, die einen hohen Informationswert haben, wenn man die Gesellschaft verstehen will. Man solle sich eher an die alltäglichen »Nachahmungsketten« halten. Soziale Ordnung und soziale Kommunikation ist laut de Tarde vor allem ein Nachahmungsspiel, in dem die Dinge mit kleinen Variationen wiederholt werden. Die Gesellschaft bestehe aus Nachahmung, und Nachahmung erfolge gewissermaßen im Modus eines Somnambulismus (vgl. de Tarde 2003: 111). Gesellschaftliche Praxis ist in diesem Sinne eine fortwährende Form der Selbstplagiierung. Selten springt die Praxis aus den Mustern des Erwartbaren, und noch die Überraschung wird wiederholbar und ist ein Aspekt von Nachahmung. Hand aufs Herz: Man muss sich nur selbst zuhören, wenn man an aktuellen Debatten teilnimmt. Kaum etwas davon wurde noch nicht gesagt und kaum etwas ist so originell, dass es einer *creatio ex nihilo* nahekäme. Sogar die strategische oder echte Empörung übers Plagiat hat etwas Nachahmendes. Mit de Tarde könnte man sagen: Mehr Kommunikation erzeugt nicht unbedingt mehr Informationswert.

Es sind deshalb womöglich die besonders simplen, die wenig originellen, die geradezu formelhaften, die programmatischen, die an den gerade aktuellen öffentlichen Themen angedockten Formen, die eher sprichwörtlichen und nicht extrem abweichenden Formulierungen, die in Plagiatsgefahr geraten – denn solch Musterhaftes ist ja eher die Regel als die Ausnahme. Die Entfesselung von – gesprochener, geschriebener, gedruckter, getwitterter – Kommunikation ist regelmäßiger und erwartbarer, als unsere Zuschreibungen von Originalität uns weismachen wollen. Deshalb sind die meisten Plagiate, aber auch die Diskurse übers Plagiat so langweilig. Letztlich geht es nur darum, dass diejenigen, die man des Plagiierens überführt, offensichtlich entweder nur etwas schlampiger und dümmer sind oder es an wenigstens jener Professionalität fehlen lassen, dasselbe Gerede nicht in allzu identischen Nachahmungsketten vorkommen zu lassen. Enteignet wird dann weniger geistiges Eigentum, sondern es ist ein Hinweis darauf, dass es Plagiatoren schlicht an konventionellen Fertigkeiten der Texterstellung fehlt. Die Selbstbeschreibungen Überführter, man habe »schlampig« gearbeitet oder es sei irgendwann nicht mehr klar gewesen, was Transkript und was eigene Notizen waren, sind zwar Ausflüchte, bezeugen aber doch das Dilemma, dass die meiste geschriebene Wissenschaft nicht wirklich originell ist. Diese Begründungen haben wir in der letzten Zeit bei Plagiatsfällen in wissenschaftlichen oder parawissenschaftlichen Texten öfter gehört. Und es waren oft diejenigen Sätze, die gar nicht das Zentrum der eigenen Argumente tangiert haben, sondern eher marginale Textstellen, die genauso gut auch anders hätten lauten können. Das hat etwas Demütigendes – für alle beteiligten Seiten.

Ein »intelligentes« Plagiat wäre wahrscheinlich gerade nicht die bloße Nachahmung von Zeichenketten, sondern die Übertragung eines propositionalen Gehalts, der einen Unterschied macht und den man jemand anderem verdankt, in eigene (sic!) Formulierungen. Das würde aber voraussetzen, dass man Zäsuren in den Nachahmungsketten auch wahrnimmt und einschätzen kann, was sich zu plagiieren lohnt. Deshalb beißen sich viele Plagiatskonflikte auch an ungewöhnlichen Begriffen fest – und liefern unfreiwillig mit, dass das einzig Originäre der Plagiierten vielleicht ein abweichender Begriff ist oder eine gelungene Metapher für einen auch konventionell beschreibbaren Sachverhalt. Die bloße Nachahmung des Altbekannten und schon Gedruckten hat also nicht einmal das Zeug zum Plagiat. Man kann es nur mehr oder weniger professionell machen. Und auch hier muss man sagen: Ein Großteil der wissenschaftlichen Kommunikation, auch in unserem Fach, wäre in diesem Sinne eine Art »intelligentes Plagiat«, weil sie gar nicht anders kann, als durch Serialisierung von Ausdrücken und Redeweisen, von Anspielungen und durch latente Verständigungsannahmen eine sprachliche Struktur zu nutzen, die selbstähnlich wird. Paradigmata, Forschungs- und Theorietraditionen bilden sich – genau: durch Tradierung, und Tradierung ist vor allem Wiederholung. Und eine Änderung solcher Traditionen ist nur vor dem Hintergrund einer gewissen Beharrlichkeit des Bestehenden überhaupt wahrnehmbar.

Wenigstens indirekt kann man aus all dem lernen, dass Wissenschaft nur als System denkbar ist, also als eine Zone verdichteter Kommunikation, die weniger Varianz enthält als die Umwelt des Systems und in der über die Form der Varianz entschieden wird. Das Wissenschaftssystem erzeugt dabei Konjunkturen von Denkbarem und Sagbarem, bringt Forschungsergebnisse in sich habitualisierende Formulierungen und kann sich als Erkenntnisfortschritt nur insofern darstellen, als es an das Gewohnte anschließt und so etwas wie einen fast unsichtbaren Boden erzeugt, dessen Horizont dann neue Variationen ermöglicht. Wissenschaft als System zu betrachten, könnte kathartisch dazu dienen, den Geniegedanken, der im Begriff des »geistigen Eigentums« steckt, für wenig tauglich zu halten – es sei denn in seiner juristischen Bedeutung, die dann aber die Identität des Plagiats mit dem Plagiierten materialisieren und operationalisieren muss: als Diebstahl eines Datensatzes oder als Identität von Begriffen, Formulierungen und Zeichenfolgen und viel weniger von Bedeutungen. Geistiges Eigentum ist eine bürgerliche Schimäre – und mit ihr wird man dem Problem der illegitimen Übernahme von Formulierungen anderer nicht gerecht, zumal die so einfache Übernahme des Begriffs »geistiges« Eigentum ja ihrerseits ein schönes Beispiel dafür ist, wie Formulierungen flottieren und allein aufgrund der gewohnten Zeichenfolge Plausibilität erhalten. Deshalb fällt es hier besonders auf, wenn eine soziologische Fachgesellschaft nicht soziologisch auf Plagiatsfälle reagiert, sondern eher in einer Art vorauseilendem Gehorsam gegen einen Generalverdacht, der von niemandem erhoben wurde.

Literatur

De Tarde, Gabriel 2003 [1890]: Die Gesetze der Nachahmung. Frankfurt am Main: Suhrkamp.

Wissenschaftsplagiate aus Sicht eines Journalisten

Jochen Zenthöfer

Als Wissenschaftsjournalist beschäftige ich mich seit dem Jahr 2014 für deutsche und luxemburgische Zeitungen mit der Berichterstattung über Textplagiate, vor allem in der »Frankfurter Allgemeinen Zeitung«.[1] Im ersten Kapitel dieses Aufsatzes werde ich mich, eher analytisch, mit den beteiligten Systemen beschäftigen; im zweiten Kapitel, etwas anekdotenhafter, mit Akteuren, vor allem den sogenannten »Plagiatsjägern«.

1 Eine Gesamtübersicht konnte ich im Sommer veröffentlichen (Zenthöfer 2022).

1. Systemische Betrachtung: Die vier Ebenen der Feststellung und Sanktionierung von Plagiaten

Wissenschaftsplagiate stellen auf vier verschiedenen Ebenen ein Tabu dar und können auf drei dieser Ebenen in unterschiedlicher Weise sanktioniert werden. Dabei erfolgt die Sanktionierung in verschiedenen Systemen: in der Wissenschaft selbst, in der Öffentlichkeit und durch die Justiz. Im Einzelnen werde ich das nun darlegen.

Die erste Ebene, die ein Tabu für Plagiate ausspricht, ist das Urheberrecht. Hier erleben wir ein rein rechtliches System, das sich eine eigene Terminologie (»Kleinzitat«, »Großzitat« und so weiter) und eigene Sanktionsmechanismen geschaffen hat. Das Urheberrecht gilt zudem nur zeitlich befristet. In der Wissenschaft und der Öffentlichkeit hören wir relativ wenig über diese Ebene. Das hat zum einen den Grund, dass Urheberrechtsverletzungen von den Verlagen gerne außergerichtlich aus der Welt geschafft werden. Hier gibt es Einigungen und nachträgliche Lizenzzahlungen, von denen die Öffentlichkeit nichts erfährt. Damit wird ein Imageverlust für alle Seiten verhindert. Der andere Grund ist, dass Verletzungen des Urheberrechts von den Opfern oft nicht erkannt und verfolgt werden. Welcher Schöpfer eines Textes kann schon alle nachkommenden Texte daraufhin überprüfen, ob bei ihm abgekupfert wurde? (Wiewohl es Software dafür gibt.) Bei Musikstücken und Kunstwerken ist das einfacher, vor allem, wenn Kopien kommerziell erfolgreich werden. Dann dient die Verfolgung einer Urheberrechtsverletzung auch finanziellen Motiven. In der Wissenschaftsliteratur ist finanziell, wie wir alle wissen, nicht viel zu holen. Aus den genannten Gründen möchte ich meine Ausführungen zu dieser ersten Ebene, dem Urheberrecht, damit schon abschließen. Für uns sind die anderen drei Ebenen interessanter.

Als *zweite Ebene* betrachte ich eine weitere Rechtsnorm. Hier geht es um Promotionsordnungen. Diese Ordnungen, die – juristisch gesehen – als Satzungen in die Autonomie der Hochschulen fallen, untersagen Plagiate. In zumeist positiver Formulierung verlangen sie, dass alle Übernahmen aus fremden Werken zu kennzeichnen sind. Unterbleibt dies, kann der Doktorgrad von der Hochschule entzogen werden, und dies unbefristet. Plagiate verjähren nicht. Gegen einen Entzug, auch noch 30 Jahre nach Promotion möglich, kann die oder der Betroffene klagen. Solange gerichtliche Verfahren im Gang sind, bleibt der akademische Grad erhalten. Das kann sehr lange sein, da Berufung und Revision gegen verwaltungsgerichtliche Urteile möglich sind. Erst am Ende des Rechtsweges entsteht Rechtskraft. Manchmal ist diese Rechtskraft erst nach vielen Jahren erreicht. Diese zweite Ebene, also das Promotionsrecht, ist Gegenstand wissenschaftsinterner Debatten um Einzelfragen: Was ist überhaupt ein Plagiat? Wann ist Vorsatz gegeben? Welche Regeln galten früher, als der Grad erworben wurde? Wie muss ein Entzug erfolgen, damit er formell rechtmäßig ist? Aus der Natur der Sache folgt, dass Universitäten diese Fragen anders beantworten als betroffene Plagiator:innen. In einer Zwitterstellung befinden sich die Betreuer:innen von Doktorarbeiten. In der Vergangenheit gab es für manche ein bitteres Erwachen, als klar wurde, was geschehen ist. So verteidigte der Doktorvater von Karl-Theodor zu Guttenberg seinen Schüler zunächst, bis sich diese Selbsttäuschung nicht mehr aufrechterhalten ließ. Verlassen wir aber den Bereich der Promotionsordnungen und kommen zur dritten Ebene.

Die dritte Ebene sind die Regeln guter wissenschaftlicher Praxis. Was unterscheidet diese Regeln von der zweiten Ebene? Die Promotionsordnungen gelten nur für Promotionen, die Regeln guter wissenschaftlicher Praxis dagegen für alle wissenschaftlichen Veröffentlichungen. Dazu zählen Texte, die von Angehörigen wissenschaftlicher Institutionen entstehen, und auch Publikationen von anderen, etwa Journalistinnen oder Hobbyhistorikern, die in die wissenschaftliche Debatte eingespeist werden. Erkennbar ist diese Einspeisung daran, dass gewisse Grundsätze eingehalten worden sind[2] oder dass das Werk in einem Umfeld veröffentlicht wird, das sich wissenschaftlich geriert: anerkannter Blog, Zeitschrift oder Buchverlag. Keine wissenschaftlichen Veröffentlichungen sind rein subjektive Erlebnisberichte, Belletristik, Reiseführer und Ähnliches.[3] Unerheblich ist, ob eine Autorin oder ein Autor ihr/sein Werk als »populärwissenschaftlich« bezeichnet oder mitteilt, es handele sich um ein »Sachbuch, kein Fachbuch«. Die Regeln guter wissenschaftlicher Praxis gelten unabhängig von der Bezeichnung des Werkes.

Diese dritte Ebene der Regeln guter wissenschaftlicher Praxis gilt, anders als das Urheberrecht, unbefristet. Zudem gibt es eine Besonderheit. Der Verletzung der Regeln guter wissenschaftlicher Praxis ist keine Rechtsfolge immanent. Jedenfalls ist das lange so gewesen. Inzwischen können Angehörige wissenschaftlicher Institutionen disziplinarisch belangt werden. Dafür haben Hochschulen Verfahren entwickelt; das einschlägige Beamtenrecht

2 Es gibt, als Beispiel, ein Quellenverzeichnis.

3 Das ist kein Freibrief für Plagiate: Natürlich gilt auch für diese Werke das Tabu der ersten Ebene, das Urheberrecht.

kennt Sanktionen von der Verwarnung bis zur Kürzung der Alimentation oder Pensionsberechtigung.

Wer die Regeln guter wissenschaftlicher Praxis, also der Ebene 3, verletzt, ohne Angehöriger des Wissenschaftssystems zu sein, hat hier keine Sanktion zu fürchten. Doch Aufatmen können diese Personen nicht. Die Sanktion kann nämlich auf *Ebene 4* erfolgen, zu der wir nun kommen. Diese Ebene kennt keinen eigenen Tatbestand des Plagiats, sie übernimmt diesen regelmäßig von Ebene 3, stattet ihn aber mit einer Folge aus, die Ebene 3 nur bei Wissenschaftler:innen kennt: Disziplinarmaßnahmen nach Beamtenrecht. Die vierte Ebene betrifft Nicht-Wissenschaftler:innen, vor allem Politiker:innen, Journalist:innen und Manager:innen.

Ich bezeichne das Tabu dieser vierten Ebene als »ethisches Abschreibeverbot«. Die Frage der Sanktionierung dieses Gebots wird von Epoche zu Epoche und von Gesellschaft zu Gesellschaft unterschiedlich beantwortet. In Deutschland erwartet die Öffentlichkeit – seit einigen Jahren – eine Sanktionierung geistigen Diebstahls in Doktorarbeiten. Das haben die Fälle Giffey, Schavan, Guttenberg und so weiter gezeigt. Alle drei sind von ihren Ministerämtern zurückgetreten, nicht, weil sie die gute wissenschaftliche Praxis verletzt hätten (Ebene 3), sondern, weil sie gegen den ethischen Grundsatz des Abschreibeverbots (Ebene 4) verstoßen hatten und die Öffentlichkeit eine Sanktionierung oder Selbstsanktionierung erwartete. Bei manchen Politikern kamen Widersprüche in ihren Aussagen oder Lügen hinzu. Auch das bestrafte die Öffentlichkeit.

Die beschriebene Entstehung der öffentlichen Erwartungshaltung ist zu begrüßen. Sie reiht sich ein in eine Entwicklung, in der Autoritäten hinterfragt werden, dazu zählen auch religiöse Führer oder Lehrer in Internaten. Doch die deutsche Bewertung wird nicht überall geteilt. In meinem Heimatland Luxemburg wird die Frage der Sanktionierung des Abschreibeverbots anders beurteilt. Premierminister Xavier Bettel musste nach der Entdeckung der Plagiate in einer juristischen Abschlussarbeit an der französischen Universität Nancy (über 90 Prozent des Textes!) nicht zurücktreten. Das Volk sah das nicht als erforderlich an. Bettel verlor auch nicht an Beliebtheit. In Luxemburg, einem Land mit geringer akademischer Tradition, ist das ethische Abschreibeverbot keine für die Gesellschaft wichtige Norm.

Auf dieser vierten Ebene, dem ethischen Abschreibeverbot, kommen in Deutschland die Medien und das Feuilleton ins Spiel: Vor allem anhand der Fälle von Politiker:innen wird gesellschaftlich diskutiert und entschieden, was möglich und was unvertretbar ist. Dem Tatbestand der Verletzung der guten wissenschaftlichen Praxis auf Ebene 3, die wissenschaftsintern festgestellt wird, folgen auf Ebene 4 Renommeeverlust und Rücktritt – wenn die Öffentlichkeit dies erwartet oder einfordert. Dagegen kann sich dann auch eine Bundeskanzlerin nicht wehren.[4]

Das waren die vier Ebenen, auf denen das Tabu »Plagiat« behandelt wird. Es mag noch einige Unterstufen auf der juristischen Ebene geben, die hier jedoch zu vernachlässigen sind (Strafrecht, Patentrecht, Wettbewerbsrecht).

Wenn wir nun im Folgenden die Ebene 1, das Urheberrecht, außer Acht lassen, und uns auf die anderen drei Ebenen konzentrieren, die den Tatbestand des Plagiats kennen,[5] bleibt die Frage: Wer entscheidet, was ein Plagiat ist? Die Regeln in den Promotionsordnungen und den Ordnungen wissenschaftlicher Institutionen von Max Planck bis Helmholtz sind einerseits klar, andererseits auslegungsbedürftig. Der Teufel steckt im Detail und das Problem sind die Grenzfälle. Und jeder Einzelfall ist anders.

Leider kommt die wissenschaftsinterne Diskussion darüber erst langsam in Gang. Es ist auch mühsam, denn in unterschiedlichen Fachrichtungen wird die Auslegung des Abschreibeverbots unterschiedlich nuanciert, womöglich gibt es Abweichungen von Forschungsgruppe zu Forschungsgruppe, von Land zu Land. Was also tun? Ich werbe hier für einen Blick in ein anderes System, nämlich des Rechts. Gerichte verhandeln regelmäßig über Plagiate, weil sie entscheiden müssen, ob Doktorgrade entzogen werden durften oder nicht. Aus diesem Grund haben die Gerichte eine Kasuistik entwickelt, die dem Wissenschaftssystem bei der Frage nützlich sein kann, was ein Plagiat ist. Nützlich kann dies auch deshalb sein, weil es ja in vielen Fällen gerade Gerichte sind, die letztlich darüber entscheiden, ob ein Plagiat vorliegt. Freilich orientieren sich die Gerichte dabei auch an den Maßstäben der Wissenschaft; Richter:innen entscheiden unter Abwägung aller wissenschaftsinternen Argumente, die von den Universitäten eingebracht werden.

Kann man eine »große Linie« der Rechtsprechung identifizieren, was Plagiate angeht? Ja, das kann man. Die Gerichte sind sehr streng. Jede Übernahme muss gekennzeichnet werden, und zwar – bei Texten – an jedem Satz. Im Grunde darf es nur drei Sorten von Sätzen beispielsweise in einer soziologischen Arbeit geben: Satzsorte 1: Die Referierung eines fremden

4 Im Fall des Ministers zu Guttenberg sagte Bundeskanzlerin Merkel zunächst: »Ich habe keinen wissenschaftlichen Assistenten […] berufen.«, www.faz.net/aktuell/politik/habe-keinen-wissenschaftlichen-assistenten-berufen-merkel-staerkt-guttenberg-den-ruecken-1603575.html, letzter Aufruf am 15. Juni 2022.

5 Wobei die Definition auf Ebene 3 von Ebene 4 übernommen wird.

(gegebenenfalls umformulierten) Gedankens. Dies erfordert einen Quellennachweis, etwa eine Fußnote. Satzsorte 2: Die Formulierung einer ganz eigenen Idee oder eines empirischen Befundes. Diese Eigenleistung erfordert keinen Quellennachweis, aber natürlich eine Beschreibung des eigenen Forschungsdesigns. Satzsorte 3: Allgemeinwissen und Banalitäten: »Luft ist leichter als Wasser«, »Am 6. Dezember ist Nikolaustag«, »Pina Bauschs Tanztheater steht in Wuppertal«. Hier ist kein Quellennachweis erforderlich. Sodann beginnt das Problem: Was gehört zur Satzsorte 1 (kennzeichnungspflichtig), was zur Satzsorte 3 (nicht kennzeichnungspflichtig)? Schwierig ist das zu entscheiden, wenn man beispielsweise den Ablauf des Zweiten Weltkriegs auf einer Seite zusammenfasst. Wird es bei jeder Autorin und jedem Autor nicht zwangsläufig zu Übereinstimmungen kommen? Gewisse Jahreszahlen (1939), gewisse Namen (Hitler), gewisse Orte (Stalingrad) sind kaum zu vermeiden.

Was gilt? Kate Williams und Mary Davis schreiben in »Referencing & Understanding Plagiarism« zutreffend:

»You need to reference when you:
- use facts, figures or specific details you pick from somewhere to support a point you're making – you report
- use a framework or model another author has devised – you acknowledge
- use the exact words of your source – you quote
- restate in your own words a specific point, finding [or] argument an author has made – you paraphrase
- sum up in a phrase or a few sentences a whole article or chapter, a key finding/conclusion, or a section – you summarize.

You don't need to reference if you:
- believe that what you are writing is widely known and accepted by all as ›fact‹ or common knowledge in your subject.
- can honestly say, ›I didn't have to research anything to know that!‹

But
- If finding it out did take effort, show the reader the research you did by referencing it.« (2017: 36 f.)

Deutsche Gerichte entscheiden diese Frage wie folgt: Undeklarierte Übernahmen müssen den eigenen Text »prägen«. Das kann zunächst quantitativ zu verstehen sein. Erst bei vielen Übernahmen nehmen die Gerichte einen Vorsatz an. Alternativ müssen die Übernahmen qualitativ schwerwiegend sein, also Gedankengänge oder originelle Schlussfolgerungen beinhalten, nicht nur Fakten. Schaut man sich die Gerichtsentscheidungen zu Plagiaten an, erkennt man, dass die Universitäten den Doktorgrad nur in klaren Fällen entziehen: Eine einzige ungekennzeichnete Übereinstimmung reicht nicht aus, auch zehn davon sind nicht ausreichend. Der Ideenklau muss System haben, immer wieder erfolgen. Das Bundesverwaltungsgericht formulierte es in seiner inzwischen berühmten Formel (für Doktorarbeiten) so:

»Die Plagiatsstellen müssen die Arbeit quantitativ, qualitativ oder in einer Gesamtschau beider Möglichkeiten prägen. Eine quantitative Prägung ist zu bejahen, wenn die Anzahl der Plagiatsstellen und deren Anteil an der Arbeit angesichts des Gesamtumfangs überhandnehmen. Derartige Passagen prägen die Arbeit qualitativ, wenn die restliche Dissertation den inhaltlichen Anforderungen an eine beachtliche wissenschaftliche Leistung nicht genügt.« (Verwaltungsgericht Berlin 2021)

Jeder einzelne übernommene Gedanke, auch jede bei Dritten kopierte Fußnote, müssten ausnahmslos als ein Werk Anderer gekennzeichnet sein, schrieb das Verwaltungsgericht Berlin:

»Letztlich ist vom Promovierenden zu fordern, dass er jeden Gedankengang und jede Fußnote, die ihren Ursprung nicht in seiner eigenen gedanklichen Leistung, sondern im Werk eines Anderen hat, sowie alle aus fremden Werken wörtlich übernommenen oder ähnlichen Textpassagen ausnahmslos als solche kenntlich macht. Insbesondere muss er auch indirekte, umschreibende Fremdtextwiedergaben (Paraphrasierungen) so deutlich kennzeichnen, dass der Leser an jeder Stelle weiß, wer zu wem spricht.« (Ebd.)

Wer sich daran hält, hat auf allen genannten Ebenen nichts zu befürchten: Weder eine Verurteilung wegen Verletzung des Urheberrechts (Ebene 1), noch ein Verlust des Doktorgrades (Ebene 2), beamtenrechtliche Sanktionen (Ebene 3) oder einen Renommeeverlust in der Öffentlichkeit (Ebene 4). Auch zu Detailfragen haben sich Gerichte schon geäußert. Eine (hoffentlich) allgemeinverständliche Zusammenstellung dazu findet man in meinem Buch »Plagiate in der Wissenschaft« (Zenthöfer 2022).

2. Die beteiligten Akteure, insbesondere »Plagiatsjäger«

Die Akteure im Sinne natürlicher Personen sind mannigfaltig, wenn es um Plagiate geht. Im Folgenden wollen wir uns auf die Gruppe der »Entdecker:innen« von Plagiaten konzentrieren. Der Begriff, der diese heterogene Personengruppe zusammenfasst, ist »Plagiatsjäger«, was so despektierlich wie falsch ist. In einem Interview mit der »Augsburger Allgemeinen« am 11. Juni 2022 habe ich dem den Begriff des »Plagiatsförsters« entgegengestellt, der ausdrücken soll, dass diese Personen ein Interesse an einem gepflegten

Wald der Wissenschaft haben und in der Regel nicht daran, irgendwelche Personen »abzuschießen«. Folgende Teilgruppen sind bei den Plagiatsfinder:innen auszumachen.

Erste Gruppe: Wissenschaftler:innen, die durch Lektüre auf unbelegte Übernahmen stoßen; in manchen Fällen sind sie selbst die Opfer des Diebstahls. In der Folge wenden sich manche an den Autor/die Autorin, dessen/deren Institution oder den betroffenen Verlag. Manche wenden sich an die Presse, gelegentlich wird auch eine Plagiatsplattform informiert, möglicherweise bei Urheberrechtsverletzungen auch ein Rechtsbeistand.

Zweite Gruppe: Professionelle Rezensent:innen, die Sachbücher etwa zwecks Besprechung in einer Zeitung oder im Radio lesen. Die Geübten unter ihnen achten auf Stilbrüche und dergleichen, was auf Plagiate hindeuten kann. Unterm Strich ist die Zahl dieser »echten« Rezensent:innen, die also keine Gefälligkeitsbesprechungen erstellen, gering. Es braucht viel inhaltliches Wissen und jahrelange Sachbuch-Leseerfahrung, um reüssieren zu können. Außerdem braucht es Redaktionen, die das finanziell ermöglichen. Wie viele Personen gehören zur zweiten Gruppe? Im deutschsprachigen Raum ist es eine geringe dreistellige Zahl, viele veröffentlichen in der ZEIT, der F.A.Z. oder in Fachzeitschriften. In diesem Zusammenhang sei erwähnt, dass auf die Redaktionen öffentlich-rechtlicher Angebote keinerlei Verlass ist, was die Lobeshymnen auf Diana Kinnerts plagiatsbehaftetes Einsamkeitsbuch auf diversen Sendern der ARD belegen (Kinnert, Bielefeld 2021).

Dritte Gruppe: Die Wissenschaftsplattform »VroniPlag Wiki« (VPW), deren Mitwirkende kollaborativ Plagiatsdokumentationen erarbeiten. Dabei werden Täter:innennamen erst genannt, wenn eine Schwere an Vergehen nachgewiesen ist. Die genaue Zahl der Mitwirkenden ist unbekannt. Jedermann darf jeden Tag hinzustoßen und sich jederzeit wieder verabschieden. Der Deutschlandfunk gab die Kernmannschaft 2016 mit 12 Personen an. Die Größenordnung wird so geblieben sein, wenn man sich anschaut, unter wie vielen Pseudonymen die Beteiligten an einzelnen Fragmenten arbeiten und sich darüber austauschen; übrigens immer öffentlich, für jeden transparent und in Echtzeit einsehbar. Rund 250 Personen haben bislang mitgemacht. Die pseudonyme Tätigkeit führt dazu, dass sich niemand rühmen kann, er oder sie sei Plagiatefinder:in. Wer bei VPW mitmacht, erntet keinen persönlichen Ruhm.

Nach außen äußern sich nur drei Personen mit Lebenszeitprofessuren: Die Informatikerin Debora Weber-Wulff von der Hochschule für Technik und Wirtschaft Berlin, der Jurist Gerhard Dannemann von der Humboldt

Universität zu Berlin und der Jurist Roland Schimmel von der Frankfurt University. Die drei haben schon so manche Anfeindung aushalten müssen. Etwa die Frage, wann sie als Hochschullehrer überhaupt Zeit hätten für das Projekt. Dazu zitierte ich Dannemann in einem F.A.Z.-Artikel:

»Um meine Aufgaben in Lehre, Forschung, Verwaltung und Öffentlichkeitsarbeit zu erfüllen, muss ich durchschnittlich pro Woche zehn unbezahlte Überstunden machen. Und deswegen erscheint es mir auch ziemlich müßig, ob meine Arbeit für VroniPlag Wiki als Freizeit zählt oder als Überstunden in Erfüllung einer dienstlichen Aufgabe, nämlich bei der Wahrung der Integrität der Wissenschaft. Dazu sollten sich alle Wissenschaftler aufgerufen fühlen.« (Zenthöfer 2019)

VPW stellt keine Forderungen, hat kein politisches Programm, lobbyiert nicht und äußert sich niemals zu der Frage, ob ein bestimmter akademischer Grad abzuerkennen sei. Es gibt im Wiki also keine gemeinschaftlichen Forderungen. Es gibt auch keine:n Wikisprecher:in. Auf der Webseite heißt es:

»Doch kann niemand daran gehindert werden, persönlich Stellung zu einzelnen Themen zu beziehen oder ggf. auch persönliche Forderungen zu erheben (z.B. Forderung eines Rücktritts oder Forderung der Aberkennung eines Doktorgrades). Solche Äußerungen Einzelner gelten nicht stellvertretend für die Gemeinschaft in ihrer Gesamtheit und sollten somit auch nicht auf die Gemeinschaft übertragen werden, selbst wenn sie den Eindruck erwecken mögen, für die Mehrheit zu sprechen.« (VroniPlag Wiki:FAQ o.J)

Vierte Gruppe: Kommerzielle Plagiatefinder:innen. Hier handelt es sich um Personen, die, etwa unter dem Namen »VroniPlag« (ohne »Wiki«), die Überprüfung wissenschaftlicher Arbeiten zum Geschäftsmodell gemacht haben. Ihre Ergebnisse werden natürlich genauso in das Wissenschaftssystem oder das Rechtssystem eingespeist wie Plagiatsfunde durch VPW – oder von Rezensent:innen und Wissenschaftler:innen, die jeweils aus Erkenntnisinteresse auf einen Text stoßen; bei denen der Plagiatefund also ein »Beifang« ist. Ob die Motivation der vierten Gruppe, der kommerziellen Anbieter, verwerflich ist, mag jede:r selbst entscheiden. Vielleicht können wir sie mit Kaufhausdetektiven vergleichen, vielleicht mit bezahlten Förstern im Wald der Wissenschaft, die allerdings nur dahin gehen, wo sie von finanziell potenten Auftraggebern hingeschickt werden.

Zwischen den genannten vier Gruppen von Plagiatefinder:innen gibt es nur gelegentlich Kommunikation. Sie sprechen sich nicht ab, welche Bücher gelesen, welche Texte überprüft oder welche Studien ausgewählt werden. Arbeiten, die einer untersucht hat, werden selten von anderen erneut begutachtet. Die Auswahl der untersuchten Publikationen wirkt willkürlich, folgt jedenfalls keiner Systematik und hängt von Zufall, Interessen der Mitwirkenden und Fachgebiet ab. Die Prominenz des Autors/der Autorin kann dabei eine Rolle spielen, aber über 95 Prozent aller in Zeitungen besprochenen Bücher oder bei VPW untersuchten Arbeiten stammen von Personen, die nicht breit bekannt sind. Politikerarbeiten sind eine ganz kleine Minderheit, werden aber in den Medien bevorzugt behandelt, weil sie in der vierten Ebene des ethischen Abschreibeverbots exemplarisch dazu dienen, die Regeln zu definieren, deren Einhaltung die Gesellschaft erwartet und deren Überschreitung die Gesellschaft sanktionieren will.

Alle Plagiatefinder:innen, die ich in meiner Arbeit kennengelernt habe und bei denen es sich um Personen aus allen vier Gruppen handelte, wollen die Integrität der Wissenschaft sichern und stärken. Sie agieren aus ehrbaren Motiven, auch wenn Motivbündel nicht ausgeschlossen werden können. Als Journalist, der über Plagiate berichtet und gelegentlich auch welche – im Rahmen von Rezensionstätigkeiten – aufspürt, habe natürlich auch ich diverse Motive. Meine Profession sichert mir den Lebensunterhalt. Sie ermöglicht mir aber auch eine gewisse Unabhängigkeit. Von privaten Aufträgen oder öffentlichen Geldgebern bin ich unabhängig, und die Zeitungen, für die ich arbeite, erteilen keinerlei Weisungen. Alles in allem dient es der freien und ehrlichen Wissenschaft, dass Verfehlungen wie Plagiate von unterschiedlichen Gruppen mit verschiedenen Motiven und Abhängigkeiten gefunden und veröffentlicht werden. Leider arbeiten aus der Gruppe der kommerziellen Anbieter nicht alle komplett transparent und belegen ihre Erkenntnisse.

Welche der vier Gruppen meldet wie viele Plagiate? Das wissen wir nicht. Bedienen wir uns eines Umwegs. Wenn sich Verwaltungsgerichte in Deutschland mit Gradentzügen beschäftigen, werden diese in 97 Prozent der Fälle bestätigt; die anderen drei Prozent verlieren Hochschulen, weil sie formelle Verfahrensfehler gemacht haben (mir sind insgesamt nur fünf bekannt). Von den 97 Prozent Gerichtsentscheidungen werden viele anonymisiert veröffentlicht; nicht immer ist klar, wer die behandelten Plagiate »gefunden« hat. Ungefähr wird man aber sagen können, dass rund ein Viertel auf Erkenntnissen von VPW basiert. Da die Plattform bis Sommer 2022 insgesamt 213 Fälle dokumentiert hat, und vermutlich 50 davon gerichtlich verhandelt wurden, gehe ich von rund 200 gerichtlich angegriffenen Doktorgradentzügen im letzten Jahrzehnt aus. Hinzu kommen die Entzüge, die von den Betroffenen akzeptiert wurden, ohne dass sich Verwaltungsgerichte damit beschäftigen mussten. So kommen wir auf geschätzt 500 Entzüge in einem Jahrzehnt, also einem aberkannten Doktorgrad pro Woche in Deutschland.

Wie hoch ist das Dunkelfeld? Wie viele Grade müssten entzogen werden, wenn alle Plagiator:innen entdeckt würden? Zwei pro Woche? Drei? Wir wissen es nicht und auch Software wird uns diese Frage nicht beantworten können. Plagiate zu finden, das ist bis heute händische/brainische Arbeit von Menschen, an deren Fähigkeiten Maschinen aus unterschiedlichen Gründen nicht heranreichen können.[6] Plagiatsfinder:innen der vier genannten Gruppen wird es so lange geben, wie es Plagiate geben wird. Nimmt deren Zahl ab oder zu? Niemand weiß es. Wir wissen nicht, wieviel in der Vergangenheit plagiiert wurde. Wir wissen nicht, wieviel heute plagiiert wird. Wir wissen nicht, wie viel morgen plagiiert werden wird. Vermutung und Hoffnung ist, dass journalistische Berichterstattung die Zahl wissenschaftlicher Textplagiate zu senken hilft; als ein Mosaikstein, neben Empörung in der Gesellschaft, Entscheidungsfindungen bei den Verwaltungsgerichten und, am allerwichtigsten, Präventionsarbeit im Wissenschaftssektor, auch durch die Existenz guter Vorbilder: ehrlich arbeitende Wissenschaftler:innen.

Literatur

Kinnert, Diana / Bielefeld, Marc 2021: Die neue Einsamkeit. Und wie wir sie als Gesellschaft überwinden können. Hamburg: Hoffmann und Campe Verlag.

Verwaltungsgericht Berlin 2021: Urteil vom 02.11.2021 – 3 K 176/20, https://openjur.de/u/2382819.html, letzter Aufruf am 15. Juni 2022.

VroniPlag Wiki:FAQ o.J.: Fordert »VroniPlag Wiki« irgendetwas? Gibt es gemeinschaftliche Positionen? https://vroniplag.fandom.com/de/wiki/VroniPlag_Wiki:FAQ, letzter Aufruf am 22. Juni 2022.

Williams, Kate / Davis, Mary 2017: Referencing & Understanding Plagiarism. 2. edition, London: Macmillan Education UK.

Zenthöfer, Jochen 2019: Was wollen die Plagiatsjäger? Frankfurter Allgemeine Zeitung vom 19. Juni 2019. www.faz.net/aktuell/karriere-hochschule/was-wollen-die-plagiatsjaeger-von-vroniplag-wiki-16241691.html, letzter Aufruf am 22. Juni 2022.

Zenthöfer, Jochen 2022: Plagiate in der Wissenschaft. Bielefeld: transcript.

6 Software entdeckt zum Beispiel fast keine Struktur- oder Übersetzungsplagiate, zudem sind viele Texte gar nicht digital erfasst.

Wir haben abgeschrieben!

Ein Spendenaufruf

Björn Hirschauer, Stefan Krey

Debatten um Plagiate in der Wissenschaft werden derzeit in Gang gebracht, wenn »Plagiatsjäger«, ausgestattet mit viel Lebenszeit, Software und kriminalistischem Gespür, im Dschungel der Wissenschaftskommunikation nach Texten und Textstellen fahnden, die justiziabel sein oder werden könnten, und Journalistinnen die so konstituierten »Fälle« selektiv aufgreifen und massenmedial zur Schau stellen. Zum Target wird (erwartungsgemäß) primär politisches Personal, in der Wissenschaft werden es – hält man die Statistik von VroniPlag Wiki gegen ihre Repräsentanz an Universitäten – überzufällig Frauen.

Stefan: Bei Vroni sind sie unter den Zielen mit 40% erstaunlich gut repräsentiert!

Björn: Wie wohl der Männeranteil unter den pseudonymen Jägern ist? Wie bei Wikipedia bei 90%?

Stefan: Das gäbe ein interessantes Bild der Jagdteilnehmer!

In Einzelfällen ergeben sich dann unappetitliche Konstellationen, wenn eine seriöse Niveauzeitung Wissenschaftlerinnen auch vor Abschluss universitärer oder gerichtlicher Verfahren als »Plagiatorinnen« beschlagzeilt und eine Fachgesellschaft Kolleginnen nach ihrem selbstverantworteten öffentlichen Gesichtsverlust mit wohlfeiler Distinktionsgeste hinterherrichtet. Vorverurteilung und Nachverurteilung gehören inzwischen offenbar zum Metier: Halali!

Der Plagiatsdiskurs beleuchtet nicht nur einen unansehnlichen Aspekt der Wissenschaftskommunikation, er hat längst selbst einige hässliche Züge entwickelt, die auch von seinen völlig unzureichenden konzeptuellen Grundlagen im juristischen Denken herrühren (exemplarisch: Zenthöfer 2022). Eben dem wollen wir im Folgenden – im beschränkten Rahmen der Skizze eines Symposionbeitrags – mit soziologischen Denkmitteln begegnen. Denn die Frage nach der Autorschaft von Texten ist um Vieles komplexer als Journalisten oder Juristinnen sie derzeit unter dem Titel »Plagiate« verhandeln. Drei Fälle sind zu unterscheiden: das hastige nebenberufliche Promovieren von Politiker:innen, das Mogeln und denkfaule Abschreiben durch Studierende und das nachlässige Zitieren in der Wissenschaftskommunikation. Universitäten haben es vor allem mit den letzten beiden Fällen zu tun.

Mogeln nach der Gutenberg-Galaxis

Fast alle Qualifikationsarbeiten an deutschen Universitäten enthalten heute einen Satz wie diesen: »Hiermit versichere ich, dass ich diese Arbeit selbständig, ohne fremde Hilfe verfasst und keine anderen als die angegebenen Hilfsmittel benutzt habe. Die Stellen der Arbeit, die anderen Werken entnommen wurden, sind unter Angabe der Quellen kenntlich gemacht.« Eben dieser Satz, der – neben dem Namen der Studierenden auf dem Deckblatt – deren Autorschaft an dem Text reklamiert, ist natürlich abgeschrieben, und zwar ohne die Quelle (eine je lokale Prüfungsordnung) anzugeben – sonst wäre der Satz auch nur ein Zitat und nicht ein den Studierenden zugeschriebenes originäres Bekenntnis. Dabei ist die ihnen abgenötigte förmliche Versicherung natürlich in der Regel unwahr: Zwar gehen wir davon aus, dass sie ihre Qualifikationsarbeit weitgehend selbständig geplant und verfasst haben, aber wir setzen auch darauf, dass sie unseren Rat als Betreuungspersonen von der Struktur bis hin zu einzelnen Passagen berücksichtigt haben; dass ihnen hilfreiche Kommiliton:innen mit gutem Rat zur Seite standen, vor allem mit einem intensiven Lektorat vieler holpriger Formulierungen; und auch, dass sie bitte nicht alle Stellen der Arbeit, in denen sich Lernprozesse aus den Lektüren ihres Studiums niederschlagen, so mit Quellenangaben gewappnet haben, dass die Arbeit unleserlich wurde. Dieses *Doublebind* der kontrafaktisch abgenötigten aufrichtigen Versicherung pflanzt in den jungen Autorschaftsstolz der Absolvent:innen eines wissenschaftlichen Studiums systematisch den nagenden Verdacht, ob diese souveräne Selbstzurechnung auch wirklich den Tatsachen entspricht. Da helfen manchmal nur noch überbordende Listen von Danksagungen.

Das unerwünschte studentische Abschreiben hat mediengeschichtlich heterogene Ursprünge. Vor der Entstehung der Gutenberg-Galaxis war das Abschreiben eine (mönchische) Kulturtechnik, die der Vervielfältigung und Verfügbarkeit literarischer, religiöser, amtlicher und wissenschaftlicher Texte diente. Im 19. Jahrhundert entstanden die Schülertaktiken in den Disziplinarinstitutionen, mit denen sich die Eleven deren forcierter Individualisierung zu entziehen versuchten. Und seit dem 20. Jahrhundert hat das Mogeln Auftrieb bekommen durch die Umstellung der Gutenberg-Galaxis auf elektronische Medien, die das *copy and paste* aus einem neuen sozialen Wissensreichtum erleichtern.

Das erschwert es in der Lehre, geprüfte Leistungen angemessen bestimmten Studierenden zuzurechnen und es verlangt von der Universität nicht nur eine stärkere Überwachung studentischer Leistungen, sondern vor allem die verbesserte didaktische Aufklärung einer Generation, die mit Kulturtechniken wie dem Sampling von Musikstücken und der Kompilation von Texten groß geworden ist (Blum 2009). Unsere Aufgabe als Lehrende ist hier, in unseren Veranstaltungen zu erklären, wie in der Wissenschaft Stimmen gekonnt und korrekt miteinander vermischt werden: dass man bestimmte Dinge zu zitieren hat (das heißt, gekennzeichnet abschreibt), andere übernehmen kann, indem man sich an sie anlehnt, wieder andere aufrufen darf (ohne exakt zu zitieren), und vieles anderes ohne weiteres aneignen, übersetzen, paraphrasieren und interpretieren darf und soll. Dabei gibt es ein Übergangsfeld zwischen Plagiat und eigenem Gedanken. Es besteht aus unselbständigen, also formulierungsfaulen Paraphrasen; schon besser gelungenen selbständigen Paraphrasen und aus Äußerungen, die Gedanken eines Anderen kreativ aneignen und weiterentwickeln. Die beste Prävention gegen die Versuchung des denkfaulen und nicht selbst formulierenden Abschreibens besteht darin, bei Studierenden die Lust am Schreiben zu wecken – als Technik der Selbstfindung: Plagiate können Personen einfach nicht so spiegeln, wie ein eigener Text es kann.

Björn: Wollen wir dieses Textstück aus der Lehrpraxis übernehmen, ohne deine Autorschaft zu markieren? Dann könnte es einfach von irgendwem wiederverwendet werden ...

Stefan: Och, das wäre mir eher schnuppe, aber vielleicht sollten wir die Quelle angeben: Reader 2019, damit nicht einer von uns eines Selbstplagiates überführt werden kann.

Kann man geistiges Eigentum stehlen?

Der Fall des nachlässigen Zitierens von Kolleg:innen ist um Einiges komplexer. Juristinnen machen es sich hier leicht. Sie stützen sich auf einen aus der bürgerlichen Gesellschaft stammenden Begriff des Autors als aus sich selbst heraus schöpferischer Urheber eines Textes, den man in den Kultur- und

Sozialwissenschaften schon lange hinter sich gelassen hat. Juristisch denkt man Plagiate natürlich zunächst als einen Normverstoß – ob gegen das Urheberrecht, eine Promotionsordnung oder die Leitlinien der DFG zur Sicherung guter wissenschaftlicher Praxis, dann spezifischer als unerlaubte Aneignung einer fremden Sache. Diese Denkfigur ist in der Wissenschaftskommunikation durchaus relevant, nämlich dann, wenn die Textprodukte unserer gedanklichen und literarischen Arbeit ab einem bestimmten Punkt gerade nicht mehr Eigentum von Autor:innen, sondern von Verlagen werden. Juristisches Denken stürzt das in die ironische Paradoxie, dass den Autor:innen genau in dem Moment, in dem die Publikation der Wissenschaft ihre Urheberschaft indiziert, in aller Regel die materielle Eigentümerschaft entzogen wird.

Der Plagiatsdiskurs rankt sich aber um die Idee eines Diebstahls geistigen Eigentums. Aber was sollte das soziologisch sein? Erfahrene Kriminelle wissen, dass ein Diebstahl eigentlich nur Gewinn verspricht, wenn der entwendeten Sache keinerlei Spur ihres Eigentümers mehr anzusehen ist – so wie bei unmarkierten Geldscheinen oder umgeschmolzenem Edelmetall. Eben dies ist bei sogenanntem geistigen Eigentum praktisch ausgeschlossen. Die Aneignung kann vielmehr jederzeit von irgendwem beobachtet werden, der zufällig Leser:in zweier Texte wurde. Wenn es sich nicht um völlig belanglose Texte handelt, ist die Entdeckungswahrscheinlichkeit (zu irgendeinem Zeitpunkt) also sehr hoch. Ein gehaltvoller Plagiatsbegriff würde daher »niemals das bloße Verhältnis zweier Texte [bezeichnen], sondern er rückt diese Texte in ein Verhältnis zu einer urteilenden dritten Instanz« (Theisohn 2009: 3 f., 25), die zum Beispiel als Autorin in einem fremden Text überrascht ein Echo der eigenen Stimme findet, als Prüfer einen gravierenden Stilbruch in einem studentischen Text bemerkt oder (der häufigste Fall) als Leserin gelangweilt eine Redundanz registriert, sich dann beiläufig fragt, ob der Autor den Gedanken der Kollegin X originell angeeignet oder überhaupt richtig verstanden hat, und schließlich: ob sie einen sich so aufplusternden Autor überhaupt weiter lesen möchte.

In der Wissenschaftskommunikation funktionieren Plagiate nicht als heimliche Entwendungen – diese Vorstellung verdinglicht Ideen und Kommunikationen –, sondern nur als stilistisch unangemessene Formen der Übernahme von Gedanken und Formulierungen, die Kollegialbeziehungen irritieren können. Sie können das Vertrauen in das *Claimsmaking*, die Glaubwürdigkeit von Selbstkompetenzzuschreibungen, schmälern, und sie können soziale Beziehungen schädigen, wenn sie auf nachlässige Weise mit Arbeitsprodukten von Kolleg:innen umgehen, auf die diese einen expliziten

Autorschaftsanspruch erheben würden. Deshalb hat die Wissenschaftskommunikation seit dem 18. Jahrhundert disziplinenspezifische Zitierkonventionen entwickelt (Lahusen, Markschies 2016) – was muss zitiert werden, was nicht – und deshalb haben Forschungsförderorganisationen wie die DFG ihre Standards guten wissenschaftlichen Arbeitens etabliert. Beide sind im Falle eines vorgeworfenen Fehlverhaltens Richtschnur für universitäre Kommissionen, die die erhobenen Vorwürfe prüfen und dann entweder zurückweisen oder Sanktionen (wie den Entzug des Doktortitels) verhängen.

Aber auch das normativ erwünschte Verhalten, das Zitieren, lässt sich mit einem juristischen Denkstil nicht verstehen, der es in die Nähe von Eigentumszertifizierungen und Leihgebühren rücken würde. Die Bedeutung der Zitiergeste ist überaus vielschichtig (Cozzens 1981) und geht über die ›Anerkennung geistigen Eigentums‹ weit hinaus. Die Angabe einer Quelle kann diese einfach als Kürzel eines Grundgedankens verwenden, es kann eine knappe pauschale Verneigung vor einem prominenten Referenzautor in der Startphase eines Ansatzes sein, aber auch ein bloßes Zugehörigkeitszeichen zu einem akademischen Milieu, ein Prestigesymbol insiderhafter Literaturkenntnis, die Autorisierung eines eigenen wackeligen Gedankens durch eine fachliche Größe, oder einfach nur eine verbale Geste, mit der man sich einer gefühlten Zitierpflichtigkeit entledigt. In keinem dieser Fälle müssen Zitierungen ›aufrichtige Anerkennung‹ zum Ausdruck bringen, sie können vielmehr strukturell respektlos sein, weil ihnen keinerlei Lektüre entsprechen muss, sondern nur ein geschultes strategisches Bewusstsein der genannten (und anderer) Zitiereffekte. Vieles dürfte zitiert werden, um es nicht lesen zu müssen.

Thought Sharing – die Spendabilität der Wissenschaftskommunikation

Wie ließe sich das Verhältnis zwischen produzierenden und reproduzierenden (ab- und fortschreibenden) Autor:innen soziologisch besser verstehen? Für unser Fach ist Autorschaft vor dem Hintergrund dessen zu begreifen, was es über die Heteronomie von Handelnden weiß. Es gibt kaum eine Wissenschaft, die vehementer bestritten hat, was das Urheberrecht voraussetzt: ein freies Subjekt, das in einsamer Souveränität Geistesprodukte autonom erfindet und als eigene reklamieren darf. Die Soziologie kennt dagegen mehr oder weniger sozialisierte Akteure mit Milieubindungen, die in Koproduktionen – etwa in der gemeinsamen Orientierung von Diskursströmen oder in interaktiver *joint action* – Beiträge beisteuern, die ihnen als ihre Leistungen zugeschrieben werden oder nicht. Dabei sind drei Ebenen zu unterscheiden: wie wissenschaftliche Produkte entstehen, wie sie zugerechnet werden und wie diese Zurechnung legitimiert wird.

Auf der ersten Ebene lässt sich wissenssoziologisch rekonstruieren, wie innovative Ideen tatsächlich entstehen: nämlich zumeist durch die intellektuelle Koproduktion eines *thought sharing*, durch dialogischen Austausch in einem Milieu, das bestimmte Problemstellungen teilt, eine ähnliche Sprache spricht und in Gesprächen und Texten gemeinsame Vorstellungen und Begriffe entwickelt, kurz: einen ›Denkstil‹ (Ludwik Fleck), an dem Einzelne dann einen mehr oder weniger großen Anteil haben. Auf der Seite der Abgebenden finden sich Publikationen, Vorträge und Vortragskommentare auf Tagungen sowie Lehrveranstaltungen und Betreuungsleistungen, bei denen wir meist nach dem Motto *Serve yourself!* kommunizieren. Auf der Seite der Aneignenden finden sich Übernahmen im Kontext von Sozialisationsprozessen, Aneignungen im Kontext der internen Kommunikation von Milieus, das Aufgreifen von Vortragskommentaren auf Tagungen und von Gutachtervorschlägen in *Peer Review* Verfahren. Hier wird Autorschaft nicht überreklamiert, sie wird vielmehr abgetreten und verschleiert (im *Ghostwriting*), geöffnet und geteilt (bei asymmetrischen Koautorschaften) oder ganz auf sie verzichtet (bei Betreuungen und Vortragskommentaren). Verglichen mit diesen variantenreichen Austauschbeziehungen sind die mit Quellenangaben kenntlich gemachten Übernahmen durch Zitierungen und Paraphrasen ein eher kleiner Ausschnitt, Plagiate ein hochspezifischer Fall des Transfers von Gedanken und Formulierungen.

Dieses Geben und Nehmen in der Wissenschaftskommunikation funktioniert nicht ohne eine grundlegende Spendabilität. Der freie Fluss von Ideen, Sichtweisen, Worterfindungen und Formulierungen ist der produktive Normalfall einer laufenden innerkulturellen Aneignung. Und selbst im Fall einer nicht nur beiläufig genutzten, sondern verletzlich tangierten fremden Autorschaft behalten die ›Opfer‹ einen Kollateralnutzen: Die Abkupfernden verbreiten ein gedankliches Produkt ja auch dann noch, wenn sie seinen Urheber unkollegial unterschlagen. Selbst ein plagiatsförmiges Abschreiben ist kein heimlicher Diebstahl, sondern eine Aneignung vor Dritten, die als ein affirmierendes Weitererzählen wirkt. Die Beziehung zum Plagiierten ist ähnlich symbiotisch wie die der bestäubenden Biene zur Pflanze, die mit klarem Eigeninteresse an deren Blüten nascht, so aber auch zu ihrer Fortpflanzung beiträgt.

Auf einer zweiten Ebene, der der Konventionen der Zurechnung, finden sich Praktiken der Herstellung wissenschaftlicher Autorschaft: Techniken der Prioritätssicherung (Patente, der Einreichungszeitpunkt bei Zeitschriften), Konventionen der Teilung von Autorschaft (die Reihung der Namen auf dem Aufsatz, die Dankesfußnote, auch an die anonym bleibenden Gutachter) und Zitierverpflichtungen (die Nennung relevanter Literatur, die Kennzeichnung übernommener Passagen, aber auch die ästhetische Beschränkung allzu eitler Selbstzitierungen). Analog gibt es im Rechtssystem die Zurechnungskonvention der juristischen Haftbarmachung von Einzelnen, die ein Verantwortungsprinzip etabliert; im Bildungssystem die Prüfungsverfahren und die Zurechnung von Leistungen auf Einzelne. Diese Zurechnung ist angesichts der Milieuabhängigkeit der Leistungen und der sozialen Einbindung in einen lokalen Klassenverband bildungssoziologisch fragwürdig, aber sie ist pädagogisch wertvoll, weil sie dazu anhält zu lernen (so wie sie im Strafrecht zu erwünschtem Verhalten anhält). Ohne die kontrafaktische Fiktion der Autorschaft (als Teil der Fiktion des selbstverantwortlichen Individuums) würde die moderne Gesellschaft nicht funktionieren.

Auf einer dritten Ebene werden daher schließlich ideologische Überhöhungen der Zurechnungskonventionen produziert: Hierzu gehört das Leistungsprinzip des Bildungssystems (als sei das Erbrachte tatsächlich einzig und allein die Leistung einer Einzelnen), die Schuldzuschreibung an straffällig Gewordene (als seien Sozialisationsbedingungen, Milieuverstrickungen und Tatumstände nicht so wichtig) und eben das Urheberrecht im Publikationswesen (als hätten diese Sätze tatsächlich nur einen einzigen Urheber gehabt).

Die relevante wissenschaftssoziologische Frage ist dagegen, wie die tatsächliche Koproduktion in sozialen Milieus mit den individualisierenden Zurechnungspraktiken verknüpft wird. Spezifisch für die Wissenschaft ist hier, dass Individuen sich einen Namen machen können und müssen. Dafür muss es innerhalb des ganz unverzichtbaren *thought sharing* auch Möglichkeiten der ›Sicherung persönlicher Verdienste‹ geben. Dass sich Autor:innen mit der Wahl ihrer Worte Verdienste an ihnen erwerben, erhält einfach die Motivation, nach neuen zu suchen. Wenn alles, was man denkt, sagt und schreibt, allen anderen ungesichert zu ihrem freien Gebrauch zur Verfügung steht, kann man das angestrengte Denken auch einstellen. Wenn man sich aber mit seinen Worten einen Namen machen kann, dann lässt sich der Narzissmus der Einzelnen als motivationaler Brennstoff der Wissensinnovation einsetzen – und der ist in der Wissenschaft bekanntlich noch wichtiger als Geld. Ohne die Aussicht darauf, durch Autorisierung Anerkennung zu finden, würde wissenschaftliches Schreiben also eine wichtige Motivationsquelle verlieren. Aber ebenso gilt: Ohne die Bereitschaft, Ideen und Begriffe auch zu teilen, sie anderen abzugeben, in Publika zu verstreuen und in Betreuungsverhältnissen geradezu zu spendieren, funktioniert wissenschaftlicher Austausch auch nicht. Die in Plagiatskommissionen zu untersuchende Frage ist daher, welche Äußerungen einen Autorschaftsindex tragen sollten, weil jemand tatsächlich einen Originalitätsanspruch mit ihnen erheben würde, und welche es nicht müssen, weil sie zu den Sprechweisen des Faches gehören. Es geht beim Verhältnis von Produktion und Reproduktion von Wissen nicht um Besitz und Diebstahl, sondern um mehr oder weniger kreative oder unoriginelle Aneignungen und um mehr oder weniger großzügige oder kleinliche Zuschreibungen von Kreationen an Einzelne mit dem Wunsch nach einem Namen.

Zu einer soziologischen Wissenschaftsbeobachtung

Die im Plagiatsdiskurs angestrengte Verrechtlichung der Wissenschaftskommunikation, die mit ›Urhebern‹ und ›Plagiatoren‹ in der Verflechtung von Diskursströmen zwei Typen von ›Tätern‹ zu isolieren versucht, könnte man in Anlehnung an Habermas als Fall einer rechtlichen Kolonisierung der wissenschaftlichen Lebenswelt fassen.

Stefan: Hör mal, wir haben das eben schon mit Fleck gemacht. Sollten wir das Kommunikative Handeln nicht im Literaturverzeichnis nennen?

Björn: Also ich schreibe nicht für Juristen, sondern für Fachkolleginnen, die ein Buch zu einem Begriff assoziieren können, der zu ihrer wissenschaftlichen Alltagssprache gehört.

Wir haben im Gegensatz zum richterlichen Verhältnis zur Wissenschaftskommunikation eine Perspektive eingenommen, wie sie eine der »Studies in Ethnomethodology« etablierte (Garfinkel 1967: 186 ff.). Garfinkel fand, anfänglich enttäuscht, dass sich den Patientenakten einer Klinik wenig Brauchbares über die Arbeit von Pfleger:innen entnehmen ließ, »gute soziologische Gründe für schlecht geführte Patientenakten« (darunter die Vermeidung der Beobachtbarkeit eigener Arbeit durch Vorgesetzte). Ebenso wäre auch nach den guten soziologischen Gründen für nachlässiges Zitierverhalten zu fragen.

Was juristisch und massenmedial als »Plagiat« verhandelt und verurteilt wird, ist in eine mundane wissenschaftliche Arbeit des Lesens und Schreibens eingelassen (Krey 2011, 2020; Theisohn 2009, 2012).

Björn: Ich finde, wir können hier nicht gut ein Doppelzitat deiner Bücher machen, wenn wir oben die Beschränkung eitler Selbstzitierungen zu den Konventionen zählen.

Stefan: Aber Bescheidenheit bei sachlich angemessenen Referenzen finde ich falsch. Außerdem habe ich mit dem Thema noch was vor.

Plagiate in der Wissenschaft emergieren vor dem Hintergrund literarischer Formen von Publikationen, die nicht in bestimmten Eigentumsverhältnissen, sondern in Produktionsverhältnissen entstehen. Und neben guter wissenschaftlicher Praxis gibt es wie in allen anderen gesellschaftlichen Feldern eben auch massenhaft mediokre und schlechte Praxis. Dass viel zitiert wird, ohne gelesen oder verstanden zu haben, und viel verständig gelesen wurde, ohne dass zitiert wird, ist normale wissenschaftliche Arbeit. Auch sich Gedanken anderer zu eigen zu machen und im eigenen Schreiben zu nutzen, ist normale wissenschaftliche Arbeit und folgt soziologisch nachvollziehbar guten Gründen (dem *thought sharing*) und ein paar weniger guten, etwa dem Drittmittel- und Publikationsdruck oder allerlei alltäglichen Unaufmerksamkeiten. Sie verdienen unsere wissenschafts-soziologische Aufmerksamkeit.

Denn schon die Wissenschaftsforschung der 70er Jahre hatte ihren *Take-off* aus dem Impuls heraus, dass man das Verstehen des Wissenschaftsbetriebs nicht dem normativen Denkstil von Philosophen überlassen kann, sondern erfahrungswissenschaftlich untersuchen muss, wie sich verschiedene Disziplinen tatsächlich als Wissenschaften realisieren. Seit den 90er Jahren wuchs ein zweiter, empiristisch auftretender, aber ebenfalls latent normativer Zweig der Wissenschaftsbeobachtung: die szientometrische Vermessung von Zitaten und *Impact* im Zeichen einer Tonnenideologie wissenschaftlicher Produktivität, die keinen Sinn für die Grenzen der Rezeptionskapazität in der Kommunikation hatte. Dieser szientistischen Fremdbeschreibung der Wissenschaftskommunikation folgt mit dem Plagiatsdiskurs nun eine legalistische: die quasi-polizeiliche Überwachung von Textübereinstimmungen im Zeichen der Überführung von Abschreibtätern. Geblieben ist ein unempirisches, normatives Verhältnis zur Wissenschaft, das wie schon die philosophische Wissenschaftstheorie weder genau weiß noch empirisch wissen will, wie wissenschaftliche Kommunikation arbeitet. Die Wissenschaften selbst scheinen einstweilen noch weit entfernt davon, eine ihrer genuin sozialen Kreativität angemessene Weise der Selbstbeschreibung ihrer

Kommunikationsprozesse zu entwickeln: ihrer Kompetitivität und Anspruchsinflationierung, ihrer Verehrungsbereitschaft und Missgunst, ihrer Kreativität und notwendigen Redundanz.

Dieses Versäumnis ist nicht risikofrei. Bei Studierenden hat der juristisch geführte Plagiatsdiskurs längst eine falsche Ängstlichkeit vor der Schädigung geistigen Eigentums erzeugt. Die Angst, jemandes geistige Besitzansprüche zu verletzen, führt dann zu einem schlechten Bewusstsein gedanklicher Aufdringlichkeit vor ›besetzten‹ Sätzen und Ideen, während man doch gerade versucht, eine eigene Sprache und einen eigensinnigen Denkstil zu entwickeln, denen man vertrauen kann. Das gibt einen Ausblick auf die Schäden, die ein juristisch dominierter Plagiatsdiskurs auch in unseren Texten erzeugen kann. Evozierte die szientistisch-quantifizierende Beobachtung der Wissenschaftskommunikation die Plage der hochredundanten Häppchenkommunikation des *least publishable unit*, so könnte die legalistische Beobachtung durch den Plagiatsdiskurs zu einer Philologisierung unserer Kommunikation beitragen. In beiden Fällen dürften unsere Texte schlechter werden: zahlreicher, quellenreicher und unleserlicher.

Stefan: Wie handhaben wir denn nun die Reihung unserer Autorennamen?

Björn: Naja, ein öffentliches Gerangel wäre jedenfalls inkonsistent. Ich hab' da eine Idee …

Literatur

Blum, Susan D. 2009: My Word! Plagiarism and College Culture. Ithaca and London: Cornell University Press.

Cozzens, Susan E. 1981: Taking the Measure of Science: A Review of Citation Theories. International Society for the Sociology of Knowledge Newsletter, vol. 7, no.1–2, 16–21.

Garfinkel, Harold 1967: Studies in Ethnomethodology. Englewood Cliffs: Prentice Hall.

Lahusen, Christian / Markschies, Christoph (Hg.) 2016: Zitat, Paraphrase, Plagiat. Wissenschaft zwischen guter Praxis und Fehlverhalten. Frankfurt am Main: Campus.

Krey, Björn 2011: Textuale Praktiken und Artefakte. Soziologie schreiben bei Garfinkel, Bourdieu und Luhmann. Wiesbaden: VS.

Krey, Björn 2020: Textarbeit. Die Praxis des wissenschaftlichen Lesens. Berlin: De Gruyter.

Reader 2019: Reader zur Einführung in das wissenschaftliche Arbeiten des Instituts für Soziologie der Universität Mainz.

Theisohn, Philipp 2009: Plagiat. Eine unoriginelle Literaturgeschichte. Stuttgart: Kröner.

Theisohn, Philipp 2012: Literarisches Eigentum. Zur Ethik geistiger Arbeit im digitalen Zeitalter. Stuttgart: Kröner.

Zenthöfer, Jochen 2022: Plagiate in der Wissenschaft. Wie »VroniPlag Wiki« Betrug in Doktorarbeiten aufdeckt. Bielefeld: transcript.

Das logische Ich in den Mühlen des Plagiats

Dirk Baecker

I.

Plagiate sind zunächst ein juristisches, ein administratives und ein moralisches Problem. Sie verletzen durch den Diebstahl geistigen Eigentums das Urheberrecht der Plagiierten, sie erschweren durch Vortäuschung eigener Leistungen die Prüfung eines durch Studium und Forschung erworbenen Wissens und sie täuschen ein Publikum über zu Unrecht erworbene akademische Meriten.[1] Plagiate gibt es nicht nur in der Universität, sondern auch in Kunst und Literatur, in der Industrie und im Handwerk. Plagiate sind jedoch auch ein Problem für die Wissenschaft. Es lohnt sich, auf diesen Aspekt eigens hinzuweisen, da er über das an Universitäten in Prüfungen, Promotionsausschüssen und Berufungskommissionen auftretende Problem der Überprüfung eigener Leistungen hinausgeht und da er neben der Referenz auf das Organisationssystem der Universität eine Referenz auf das anderen Codes gehorchende Funktionssystem der Wissenschaft ins Spiel bringt.[2] Das wissenschaftliche

1 Siehe das Urheberrechtsgesetz in der Fassung vom 9. September 1965, zuletzt geändert am 23. Juni 2021, DFG (2019) und Zenthöfer (2022).

2 Strenggenommen, so Kiesow, ist das Plagiat juristisch nur ein Fall für das Verwaltungsrecht, in dem geregelt wird, dass der Verwaltungsakt der Verleihung des Doktorgrades angefochten werden kann, »wenn in ganz erheblichem Umfang Passagen aus Werken anderer Autoren wortgleich oder nahezu wortgleich übernommen werden, ohne das in der Dissertation durch die Verwendung von Anführungszeichen oder auf andere gleichwertige Weise kenntlich zu machen.« (2015: 61) Und warum? Weil es in einer Dissertation darum geht, »die gedankliche Leistung eines anderen« kenntlich zu machen, um sie von eigenen gedanklichen Leistungen, die der Prüfung unterliegen, unterscheiden zu können (so das Verwaltungsgericht Freiburg im Urteil 1 K 58/12 am 23. Mai 2015, zitiert von Kiesow 2015: 62). Im Übrigen sind die zahlreichen Gerichtsentscheidungen, die in Plagiatsfällen ergangen sind, trotz oft wortgleicher Begründungen selbst keine Fälle für einen Plagiatsverdacht, da Gesetze und Urteile »keinen urheberrechtlichen Schutz« genießen

Problem ist ein Problem der Wahrheitsfindung (im Sinne von Luhmann 1990: 167 ff.). Es fällt mit dem administrativen Problem schon deswegen nicht zusammen, da die Wahrheit gestohlener Fremdleistungen in der Regel nicht in Frage steht. Plagiate sind keine Fälschungen.[3] Fälschungen erschleichen sich eine wissenschaftliche (oder künstlerische, literarische, technische) Wahrheit (beziehungsweise Leistung), wo es keine gibt. Plagiate jedoch behaupten eine Autorschaft, wo diese nicht oder allenfalls im Rahmen der Montage fremder Texte und Umschriften (Verschleierung, »Bauernopfer«, Verunklarung) gegeben ist, die ihrerseits der Täuschung dienen.

Autorschaft wird in der Wissenschaft typischerweise unter Gesichtspunkten der Originalität und hier vor allem der Priorität diskutiert (Merton 1972). Priorität ist jedoch wiederum ein Kriterium, das aus institutionellen Gründen von Bedeutung ist. Es erlaubt die Anmeldung von Urheberrechten und den Anspruch auf Anerkennung und Reputation, Auszeichnung und Beschäftigung. Es betrifft die Person der Wissenschaftlerin, des Wissenschaftlers, nicht die Qualität der Entdeckung oder die Wahrheit der Aussage. Entdeckungen bleiben gültig, auch wenn sie wiederholt werden. Aussagen bleiben wahr, auch wenn sie mehrfach und abhängig oder unabhängig voneinander geäußert werden. Der Wissenschaft ist es gleichgültig, *wer* eine Entdeckung macht oder eine Aussage trifft; wichtig ist ihr nur, *dass* eine Entdeckung oder Aussage auf eine Person zugerechnet werden kann.

An diesem Punkt beginnt typischerweise die Verwirrung. Ist die Person, der eine wissenschaftliche Wahrheit (oder Unwahrheit) zugerechnet wird, identisch mit der Person, die nach Anerkennung, Anstellung, Auszeichnung, Reputation sucht? Sie mögen denselben Namen tragen, aber ihre Funktion im Zusammenhang der Entdeckung beziehungsweise Aussage ist eine jeweils unterschiedliche. Der Schriftsteller Gerald Murnane (2021: 93) unterscheidet im Anschluss an Wayne C. Booth (1983) zwischen *narrator*, *implied author* und *breathing author*. Der Erzähler ist die in einem Roman oder einer Erzählung explizit als Erzähler auftretende Figur, das narrative Ich, und der implizierte Autor ist der vom Leser unter Bezug auf den einzelnen Roman, die einzelne Erzählung oder einen größeren Ausschnitt des Werks oder des Gesamtwerks vorgestellte Autor. Den atmenden, also tatsächlich lebenden

(ebd.: 64). Insofern wird es oben im Text um die Frage gehen, warum die Wissenschaft – neben der Universität – ein Interesse an Plagiaten hat, wenn es viele andere gesellschaftliche Bereiche, siehe mit Bertolt Brecht nur die Kunst, offenbar nicht haben.

3 Siehe zu einer differenzierten und historisch weit zurückreichenden Diskussion von Plagiat und Fälschung Reulecke (2016).

und wirklichen Autor nennt Murnane wie Booth »largely unknowable«. In der Wissenschaft gibt es in der Regel keinen Erzähler, keine Erzählerin, wohl aber einen Autor oder eine Autorin. Und es gibt eine Fiktionalisierung dieses Autors, dieser Autorin zugunsten der Vorstellung, dass der atmende Mensch, der eine wissenschaftliche Entdeckung oder Aussage präsentiert, entweder im Dienst einer *imitatio* der Älteren beziehungsweise der Natur oder im Dienst der Objektivität steht. Die *imitatio* der Älteren ist eine Vorstellung der antiken Hochkultur, die *imitatio* der Natur eine Vorstellung der Neuzeit und die Objektivität eine Vorstellung der Moderne (Reulecke 2016: 60 f.). Autorschaft gibt es seit der Vorstellung der *imitatio* der Natur, denn alles Vorherige waren Kopien mit dem Risiko, die wahre Intention der Alten zu verfehlen. Mit der *imitatio* der Natur und erst recht mit der Orientierung am Ideal der Objektivität jedoch rückt eine Autorschaft in das Blickfeld, die sowohl für eine Wahrheit als auch für einen Irrtum verantwortlich gemacht werden kann. Es gibt den Autor, die Autorin, der/die sich an der Wahrheit ihrer Erkenntnis messen lassen muss, und es gibt die Person, die sich in den Dienst einer Wissenschaft stellt, in der bestimmte Methoden der Erkenntnisproduktion diese Messvorgänge regeln. Die Person kann juristisch, administrativ und moralisch belangt werden; der Autor, die Autorin nicht.

In der Fiktion würde man den wissenschaftlichen Autor, die wissenschaftliche Autorin *implied author* nennen und die Person, die sich am wissenschaftlichen Spiel beteiligt, *breathing author*. Diese Person muss zur Kenntnis nehmen, dass verschiedene Systeme mit personalen Zurechnungen auf sie zugreifen, das Rechtssystem, die Organisation der Universität und die Öffentlichkeit der Massenmedien, um nur die für Plagiate relevanten zu nennen. Originalität und Priorität sind Merkmale, mit denen diese Person sich gegenüber Kreisen schmückt, die mit der Praxis der Forschung nur indirekt verbunden sind. Entscheidend für die Wissenschaft ist die implizierte Autor:in. In der Wissenschaft ist diese implizierte Autor:in allerdings nicht nur eine Vorstellung des Publikums. Sondern er oder sie ist zugleich eine Vorstellung seiner oder ihrer selbst sowie aller Kolleginnen und Kollegen, die sich auf ihn oder sie beziehen.

Was hat es mit dieser Implikation auf sich? Und inwiefern begründet sie die Vorstellung eines vierten (neben Recht, Organisation und Öffentlichkeit) Ausgangspunkts für die Inkriminierung eines Plagiats?

II.

Eine Antwort auf diese Fragen ist nur möglich, wenn man die Vorstellung aufgibt, dass der wissenschaftliche Autor, die wissenschaftliche Autorin nichts anderes sind als die Sprachrohre einer in der Wirklichkeit auffindbaren Objektivität. Seit Hegel von einer subjektiven Logik, Husserl von einem transzendentalen Bewusstsein und Wittgenstein von einem logischen Ich gesprochen haben, ja im Grunde seit Kant die unbedingten Kategorien der Wissenschaft bestimmt hat, geht es um das Konzept einer für die Wissenschaft ebenso wichtigen Subjektivität. Der wissenschaftliche Autor, die wissenschaftliche Autorin stellen die Leistung ihrer Problemstellung, ihrer Perspektive und ihrer Konstruktion von Erkenntnis und Aussage als Bedingungen einer wissenschaftlichen Wahrheit (und möglichen Unwahrheit) zur Diskussion. Die Objektivität, an der sie sich messen lassen, ist ihre subjektiv geleistete Objektivität.

Kants Bestimmung einer wissenschaftlichen Ansprüchen genügenden Vernunft geht aus von einer dreifachen Unbedingtheit: der kategorischen Synthesis in einem Subjekt, der hypothetischen Synthesis der Glieder einer Reihe und der disjunktiven Synthesis der Teile in einem System (KrV, B 379). So sehr die Wissenschaft sich erst aus der Architektur des Systems, das heißt aus der Überprüfung einer Wahrheit im Zusammenhang anderer Wahrheiten ergibt (B 861 ff.), so unverzichtbar sind die ersten beiden Unbedingtheiten, nämlich die Setzungen eines Subjekts und das »rhapsodische« Sammeln von Gegenständen als Gliedern einer Reihe.

Hegels subjektive Logik kennt den Begriff, unter den eine wissenschaftliche Wahrheit gefasst werden kann, nur als negative Setzung eines Ichs, das sich in dieser Setzung vom Gegenstand unterscheidet und auf ihn bezieht (Hegel 1979: 11 ff.). Die erste Logik der Objektivität ist durch eine zweite Logik der Subjektivität zu ergänzen, weil der Sinn des Seins sich nicht aus dem Sein, sondern aus dem Erleben dieses Seins, aus der Reflexion der Äußerlichkeit in der Innerlichkeit ergibt (Günther 1978: 182 ff.).

Fragen dieser Art werden, wie bekannt, nicht von der Wissenschaftstheorie und -philosophie, sondern allenfalls vom Existenzialismus Kierkegaards und von Nietzsches Genealogie der Moral aufgegriffen. Das ändert jedoch nichts an ihrer Relevanz, wie man spätestens seit der (Wieder-)Entdeckung des Beobachters in der Quantenphysik und in der Erkenntnistheorie des Konstruktivismus weiß. Husserl stellt fest, dass die positiven Wissenschaften vom »urteilende[n], erkennende[n], forschende[n] Denken«

nichts wissen wollen und fordert eine ergänzende Wissenschaft der Subjektivität, die sich auf die Psychologie der beteiligten Personen *nicht* reduziert (Husserl 1992: 18). Die Wissenschaft der Subjektivität hat etwas mit Idealisierungen im strengen Sinne des Wortes zu tun. Erst diese Idealisierungen, angefangen mit dem »Und so weiter« (Husserl 1992: 196), führen auf eine Logik, die sich der Mannigfaltigkeit des Seins entgegensetzen lässt.

In der möglicherweise radikalsten Wissenschaftstheorie, verstanden als Theorie der Möglichkeit einer Logik, jener von Wittgenstein, gibt es daher die Figur des logischen Ichs, das als Grenze der Welt und damit als Voraussetzung einer »ihm koordinierte[n] Realität« gedacht wird (Wittgenstein 1963: Sätze 5.64; vgl. Scheier 1991). Das logische Ich ist so unverzichtbar wie der logische Raum als Zusammenhang aller Sätze, die nur in ihrem Zusammenhang als Bilder von Sachverhalten logisch schlüssig sein können. Denn außerhalb dieses logischen Raums ist die Welt nichts anderes als ihr eigener Zerfall in die Zufälligkeit von Tatsachen. Der späte Wittgenstein wird die Vorstellung aufgeben, dass sich dieser logische Raum zu einem einfachen »Kristall« koordiniert, in dem *ein* logisches Ich die *eine* Welt konstruieren kann (Scheier 1991: 107, mit Verweis auf Wittgenstein 1963: Satz 3.42; Wittgenstein 2003: Nr. 97), und stattdessen ein Labyrinth von Sprachspielen annehmen (Scheier 1991: 93); aber das ändert nichts daran, dass jeder denkbar logische Satz die beiden Pole des logischen Ichs und des logischen Raums zwingend voraussetzt, wie groß auch immer die Vielfalt, die zwischen diesen beiden Polen möglich ist. Denn wer sonst soll Sätze *sagen* und wem sonst soll sich ihre Bedeutung *zeigen*? Wissenschaftliche ebenso wie umgangssprachliche Sätze sind nur möglich, weil sie in diesem Sinn logisch geordnet beziehungsweise artikuliert sind, auch wenn wissenschaftliche Sätze zusätzlich zu den umgangssprachlichen Sätzen die Konditionierung dieser Ordnung und Artikulation durch Theorien und Methoden explizit zu machen, zu steigern und zu reflektieren suchen.

Folgende Implikationsbeziehung liegt daher jeder wissenschaftlichen Aussage zugrunde:

$$\text{Welt} \supset \text{logisches Ich} \supset \text{logischer Raum} \supset \text{Welt}$$

Es handelt sich um eine Tautologie und damit um einen robusten Ausgangspunkt (Bateson 1982: 106 f., 276), nämlich einen jener »unumgänglich-unsinnigen« (philosophischen) Sätze, die man zugunsten einer Hypothese über einen Sachverhalt dieser Welt hinter sich lässt – nur um bei der Klärung der logischen Voraussetzungen einer Aussage wieder auf ihn zu stoßen (Scheier 1991: 127, mit Verweis auf Wittgenstein 1963: Sätze 4.111 f.).

Wissenschaft ist nur möglich, wenn man diesen Zirkel immer wieder neu durchläuft. Keins dieser Elemente darf ausgelassen werden. Auch das logische Ich ist immer wieder neu zu setzen. Auf es entwirft sich die Person als wissenschaftliche:r Autor:in, um sich als Korrelat einer Welt zu verstehen, die nur so und nur deswegen verstanden werden kann. Jeder Satz dieser Autorin, dieses Autors, was immer er in Bezug auf einen Sachverhalt *bedeuten* mag, ist zugleich ein »operational-theoretischer« Satz, der die Welt nicht verändert und auch nicht neu schafft, sondern zugunsten eines Bildes von einem Sachverhalt in sie selbst transformiert. Die Tautologie wird entfaltet. Sie wird zum logischen Raum, in dem nur möglich ist, was in ihm möglich ist: zur Skizze der Möglichkeit schlechthin.[4]

Im Plagiat (und ebenso in der Fälschung) wird die Tautologie kurzgeschlossen. Das logische Ich ist nur noch ein Surrogat seiner selbst. Es koordiniert sich nur noch in einer Täuschungsabsicht. Der logische Raum schrumpft auf den institutionellen Bezug eines Anspruchs auf Anerkennung und Reputation. Und die Welt, das erst ist der *dolus malus*, der böswillige Vorsatz (Reulecke 2016: 16), wird zum Opfer eines Geistes, der sich nur noch in seine eigene Subjektivität vertieft (Hegel 1975: § 386).

III.

Das wissenschaftliche Plagiat ist eine doppelte Verletzung der Notwendigkeit eines logischen Ichs in der wissenschaftlichen Arbeit.[5] Indem es den wissenschaftlichen Autor, die wissenschaftliche Autorin, der/die in der plagiierten Person impliziert ist, verheimlicht, macht es den Zugriff auf das implizierte logische Ich, dessen Setzung, Perspektive und Konstruktion unmöglich, die so etwas wie wissenschaftliche Wahrheit erst zu erschließen erlauben. Und indem es die Vortäuschung einer eigenen Autorschaft an die Stelle eines unterlassenen Nachweises setzt, übernimmt es zwar das juristische, administrative und moralische Risiko, dass die Täuschung aufgedeckt wird,

4 Vgl. Scheier (1991, passim) zu operational-theoretischen Sätzen (statt praktischen à la Marx und kreativen à la Nietzsche) und zur Möglichkeit als logischem Raum eines funktionalen Bezugs f(a) zwischen Sachverhalt und Aussage.

5 Und insofern verletzt es die Bedingungen einer Wissenschaft als Profession im Sinne von Reydon (2015).

erspart sich jedoch das wissenschaftliche Risiko, ein eigenes logisches Ich im Zusammenhang der zusammengestellten Aussagen zu erproben und zu bewähren. Mit der Aneignung fremden geistigen Eigentums wird zugleich verheimlicht, dass *andere* gedacht haben und dass man selbst *nicht* gedacht hat.

Natürlich könnte man versuchen, das logische Ich zu entsubjektivieren und ihm das Kollektiv all derer zu unterstellen, die sich forschend, schreibend und plagiierend in bestimmten Zusammenhängen von Aussagen bewegen. Das Missverhältnis einer großen Redundanz des wissenschaftlichen Schrifttums im Verhältnis zu einer verschwindend kleinen Varietät scheint dafür zu sprechen, es mit der tatsächlichen Autorschaft nicht so ernst zu nehmen, da die implizierte Autorschaft so oder so weit über die eigene Person hinausreicht. Aber das ist ein Irrtum. Denn auf die verschwindend kleine Varietät, den einen neuen Gedanken, die eine neue Erkenntnis, die eine so noch nicht gelesene Aussage kommt es an und nur ihretwillen wird eine Redundanz bedient, die keinen anderen Zweck erfüllt als jenen, den Zusammenhang zu markieren, der durch die Varietät eine neue Wendung erfährt.

Die doppelte Missachtung des logischen Ichs in der Verheimlichung anderer Autor:innen und in der täuschenden Vorstellung eigener Autorschaft ist nicht deswegen eine Verletzung der Regeln guter *wissenschaftlicher* Praxis, weil Prüfungs- und Berufungsverfahren an Universitäten unterlaufen werden, sondern deswegen, weil die subjektive – und mit ihr die objektive – Logik wissenschaftlicher Forschung unterlaufen wird. Wenn Subjekte mit ihren Erkenntnissen und Aussagen nicht zugleich auch zu sich selbst Stellung nehmen, ist ein Kalkül der Wahrheit (und Unwahrheit) behindert, das subjektive Setzung, Perspektive und Konstruktion nicht nur einschließt, sondern selbst zum Gegenstand einer nicht nur objektiv, sondern auch subjektiv mannigfaltigen Welt macht. Der/die implizierte Autor:in ist zentrale Figur einer Wahrheitsfindung, die ohne die Relativität, Pluralität und Diversität der eingenommenen Positionen dem Verdacht eines leeren Universalismus verfiele. Wer so tut, als könne er oder sie sich die riskanten Positionen anderer aneignen und das eigene Risiko ersparen, erspart sich nicht nur das Denken, sondern die Wissenschaft.

Das gilt auch aus der Sicht der Leserin und des Lesers. Wissenschaftliche Texte, Rechnungen und Modelle spannen einen logischen Raum auf, in dem sich Autoren wie Leser positionieren, subjektiv setzen können müssen. Jede Aussage enthält einen Sinn, dessen Bedeutung sich nicht bereits im Satz, sondern erst in ihrer Lektüre und dem in dieser Lektüre mitlaufenden Vergleich mit der Welt, die der Fall ist, entscheidet. Man könnte eine weitere Regel guter wissenschaftlicher Praxis daraus gewinnen: Schreibe, rechne, modelliere, veranschauliche immer so, dass die Leserinnen und Leser eingeladen werden, die subjektiven Positionen der Autorinnen und Autoren sowie der zitierten Dokumente im Sinne ihrer Zurechnung auf ein differenziert und divers aufgestelltes logisches Ich nachzuvollziehen, und ihrerseits Position beziehen können. Lerne zu sehen, ist die Maxime einer an Wittgenstein orientierten Wissenschaftstheorie (Scheier 1991, mit Verweis auf Wittgenstein 1963: Sätze 2.1 und 3). Sehen, verstanden als sichtbar machen, ist jedoch kein passiver, sondern ein aktiver Vorgang. Und man kann die Geschichte der Plagiate, mehr noch jene der Fälschungen als eine Geschichte schreiben und lesen, die die Wachsamkeit für diesen Blick anhand der vielen Täuschungen, denen er immer wieder ausgesetzt ist, eher schärft als behindert.[6]

Interessanterweise rücken eine Regel und Maxime dieser Art die wissenschaftliche Praxis auch wieder in die Nähe der Universität. Die Universität ist eine hybride Organisation, die sich sowohl am Funktionssystem der Wissenschaft als auch am Funktionssystem der Erziehung orientiert. Es ist daher kein Zufall, dass die Problemstellung des Plagiats primär juristisch, administrativ und moralisch behandelt wird. Denn sie tangiert die Frage, wie zu einer Wissenschaft erzogen werden kann, die eine Verantwortung für die Entfaltung eines logischen Raums hat, der als Raum des Sehens zugleich der Raum des Lebens auf dieser Erde ist. Es macht jedoch Sinn, über dieser erzieherischen Aufgabe die wissenschaftliche Funktion einer Arbeit am logischen Ich nicht zu vergessen.

Literatur

Bateson, Gregory 1982: Geist und Natur. Eine notwendige Einheit. Frankfurt am Main: Suhrkamp.

Booth, Wayne C. 1983 [1961]: The Rhetoric of Fiction. 2. edition, Chicago: University of Chicago Press.

DFG 2019: Leitlinien zur Sicherung guter wissenschaftlicher Praxis. Bonn: Deutsche Forschungsgemeinschaft.

Grafton, Anthony 1991: Fälscher und Kritiker. Der Betrug in der Wissenschaft. Berlin: Wagenbach.

Günther, Gotthard 1978: Grundzüge einer neuen Theorie des Denkens in Hegels Logik. 2., unveränderte, mit neuem Vorwort erweiterte Auflage. Hamburg: Meiner.

6 Das ist mit Grafton (1991) auch der Ausgangspunkt von Reulecke (2016: 16).

Hegel, Georg Wilhelm Friedrich 1975 [1830]: Enzyklopädie der philosophischen Wissenschaften im Grundrisse. Hamburg: Meiner.

Hegel, Georg Wilhelm Friedrich 1979 [1816]: Wissenschaft der Logik. Zweiter Teil: Die subjektive Logik oder die Lehre vom Begriff. Werke. Band 6. Frankfurt am Main: Suhrkamp.

Husserl, Edmund 1992: Formale und transzendentale Logik. Versuch einer Kritik der logischen Vernunft. Gesammelte Schriften. Herausgegeben von Elisabeth Ströker. Band 7. Hamburg: Meiner.

Kant, Immanuel 1968 [1781]: Kritik der reinen Vernunft. Frankfurt am Main: Suhrkamp.

Kiesow, Rainer Maria 2015: Das Recht auf Plagiat…. In Christian Lahusen / Christoph Markschies (Hg.), Zitat, Paraphrase, Plagiat. Wissenschaft zwischen guter Praxis und Fehlverhalten. Frankfurt am Main: Campus, 59–66.

Luhmann, Niklas 1990: Die Wissenschaft der Gesellschaft. Frankfurt am Main: Suhrkamp.

Merton, Robert K. 1972: Die Priorität bei wissenschaftlichen Entdeckungen. In Peter Weingart (Hg.), Wissenschaftssoziologie 1. Wissenschaftliche Entwicklung als sozialer Prozeß. Frankfurt am Main: Athenäum Fischer, 121–164.

Murnane, Gerald 2021: Last Letter to a Reader. Sheffield, UK: Other Stories.

Reulecke, Anne-Kathrin 2016: Täuschend, ähnlich. Fälschung und Plagiat als Figuren des Wissens in Literatur und Wissenschaften. Eine philologisch-kulturwissenschaftliche Studie. Paderborn: Fink.

Reydon, Thomas 2015: Plagiate als Professionalisierungsproblem. In Christian Lahusen / Christoph Markschies (Hg.), Zitat, Paraphrase, Plagiat. Wissenschaft zwischen guter Praxis und Fehlverhalten. Frankfurt am Main: Campus, 293–304.

Scheier, Claus-Artur 1991: Wittgensteins Kristall. Ein Satzkommentar zur »Logisch-philosophischen Abhandlung«. Freiburg: Alber.

Wittgenstein, Ludwig 1963: Logisch-philosophische Abhandlung. Tractatus logico-philosophicus. Frankfurt am Main: Suhrkamp.

Wittgenstein, Ludwig 2003: Philosophische Untersuchungen. Frankfurt am Main: Suhrkamp.

Zenthöfer, Jochen 2022: Wissenschaftsplagiate aus Sicht eines Journalisten. Soziologie, 51. Jg., Heft 4, 408–418 (in dieser Ausgabe).

Soziologie, 51. Jg., Heft 4, 2022, S. 438–453

Literatureffekte

Literarisierung und Ästhetisierung von soziologischem Schreiben

Marc Ortmann[1]

Mein Interesse gilt dem Verhältnis von literarischem und soziologischem Schreiben. Angesichts des variationsreichen *sound of science,* damit bezeichne ich die vielfältigen in der Soziologie anzutreffenden Schreibstile, -klänge, -praktiken und auch Medien der Soziologie, widme ich mich einer Soziologie soziologischen Schreibens analog zu Amlingers (2021) Soziologie von literarischer Arbeit. Damit möchte ich eine *writing society*-Debatte anstoßen, wie es sie vergleichbar in der Ethnographie (*writing culture*) oder der Geschichtswissenschaft (*writing history*) gab und gibt. Zu diesem Zweck werde ich zuerst mein Konzept von *Literatureffekten* vorstellen, wonach literarisches Schreiben oder literarische Schriften in unterschiedlicher Weise in soziologischen Texten auftauchen, um anschließend diese Effekte anhand von Beispielen zu verdeutlichen. Zum Ende meines Beitrags wird es um die These einer Zunahme von Texten in der Soziologie gehen, die stark literarisiert sowie ästhetisiert sind und den Schreibstil der Soziologie verändern. Denn während in der alltäglichen Auseinandersetzung mit der

1 Dieser Beitrag entstand im Anschluss an die Veranstaltung »›Die drei Kulturen‹ reloaded. Tagung zur Literatursoziologie« im Mai dieses Jahres an der Universität Bielefeld. Ich danke den Teilnehmenden und Christine Magerski sowie Christian Steuerwald für die Gespräche und die Organisation – natürlich danke ich besonders Wolf Lepenies und seinen »Drei Kulturen«. Darüber hinaus geht mein Dank an Stephan Moebius und Antonia Schirgi für ihre Kommentare und Gedanken zu diesem Beitrag und der Redaktion der Soziologie für ihre schnelle Korrektur und all die Hilfe und Unterstützung, die ich durch sie erfahren durfte.

Disziplin Soziologie den Schreibenden das Bewusstsein für viele Schreibstile[2] möglicherweise abhandenkommt, lassen sich Momente feststellen, in denen die Disziplin von spezifischen Texten überrascht wird. Diese Momente stellen Aufbrüche dar im Sinne einer Beschäftigung der Disziplin mit der Frage, welche Schreibarten in ihr möglich sind.

Ähnlich wie Gregor Samsa erwacht das soziologische Feld immer wieder eines Morgens aus unruhigen Träumen und findet sich als Disziplin in eine ungeheure Sphäre verschiedener Stile verwandelt.[3] Die Rolle, die gegebenen Schreibstile der Soziologie(n) zu hinterfragen und dadurch einen Aufbruch im Schreiben herzustellen, kommt verstärkt »liminalen Texten« zu (Knaller, Moebius, Scholger 2022), auf die sich nicht vorbereitet werden kann, die als Ereignis stattfinden und in ihrer Nichtkonformität soziale Felder nachhaltig verändern, da sie die Schwelle zwischen etablierten Bereichen darstellen. Diese Texte habe ich besonders im Blick, wenn ich zum Ende dieses Beitrags davon ausgehe, dass eine Ästhetisierung und Literarisierung des Schreibens in der Soziologie beobachtet werden kann, die den Klang von Sozialwissenschaft verändern: *They disturb the sound of science.*

Literatureffekte

In meinen Studien beschäftige ich mich mit verschiedenen Schreibstilen und mit den Beziehungsmodi zwischen den kollektiven Singularen der Literatur und denen der Soziologie. Wie ich in einem anderen Artikel (Ortmann 2022) dargelegt habe, gibt es nicht nur Unterschiede, Berührungspunkte und Gemeinsamkeiten zwischen Soziologie und Literatur, sondern auch Auswirkungen literarischer Texte auf das soziologische Schreiben und das Schreiben von Gesellschaftstheorien, die ich als *Literatureffekte* bezeichne. Auch wenn in der Soziologie und Literatur unterschiedlich geschrieben wird und unterschiedliche Wahrheitsansprüche an ihre Texte gestellt werden, so haben sie doch eine wichtige Gemeinsamkeit: Sie bieten Weltentschlüsselungen an (Reckwitz 2022). Diese Weltentschlüsselungen, ob literarisch oder

2 Schreibstile, die zwischen Literatur und Soziologie, zwischen Soziologie und Naturwissenschaft, zwischen den unterschiedlichen Ausrichtungen der Soziologie und den diversen soziologischen Stilen als Produkten von Theorieschulen und / oder Nationalsprachen oszillieren.

3 Ich danke hier Stephan Lessenich für die erste Idee zu diesem Kafka-Gedankenspiel.

soziologisch, bedienen sich unterschiedlicher Methoden, ästhetischer Praktiken und oft auch unterschiedlicher Erzählstränge. Gleichzeitig lässt sich die Verwendung literarischer Texte an vielen Stellen in soziologischen Veröffentlichungen feststellen. Diese haben, so Bourdieu, einen großen Vorteil: In ihnen kann eine ganze soziale Struktur durch eine singuläre Erzählung dargestellt werden, die nicht auf allgemeine Schreibtechniken des wissenschaftlichen Stils reagieren muss (Bourdieu 2016: 53).

Das Konzept der Literatureffekte, das ich in Anlehnung an Bourdieus Theorieeffekte[4] entwickle, soll eine Analyse des Einzugs literarischer Texte oder Stile in wissenschaftliches Schreiben ermöglichen. Zusammenfassend lässt sich sagen, dass literarische Texte trotz »Ausgrenzungserfahrungen« und der Unterstellung, sie seien nur Fiktion und unwahr, was als Ausdruck der »Entliterarisierung« wissenschaftlichen Wissens verstanden werden kann (Lepenies 1988: 61), durch Literatureffekte in Theorien und hier in Gesellschaftstheorien einwandern und sich einlagern können. Literatureffekte schließen Lücken des (gesellschaftstheoretischen) Wissens, da durch sie das Wissen der literarischen Texte, deren Wahrheitsgehalt sich gemessen an der »Negationsimmunität« (Hörisch 2007: 10) des erzählten Geschichtsverlaufs anders verhält als wissenschaftliches Wissen, in soziologische Argumentationen übernommen wird. Literatureffekte können ebenso mächtig und wirksam – und in manchen Fällen entscheidender als Theorieeffekte – Wissenslücken schließen oder öffnen, weil sie mit einer einzigen greifbaren Erzählung einen ganzen sozialen Raum erschließen und diesen mit ihrem spezifischen Wahrheitsgehalt entschlüsseln. Diese Interpretationen und Dechiffrierungen können dann in (sozialtheoretische) Schriften einfließen und für eine allgemeine und nicht nur partikulare Perspektive fruchtbar gemacht werden.

Literatureffekte berühren die Frage der Repräsentation von Gesellschaft und soziologischem Wissen. Zum Teil werden sie genutzt, um soziologische Theorien präzise darzustellen, zum Teil schreiben sie sich (un-)bewusst in soziologische Schriften ein und verändern so die Vorstellung von Sozialität, Gesellschaft und dem Gegenstand der Soziologie. Gerade in den letzten Jahren lassen sich Literatureffekte identifizieren, die nicht nur literarische Passagen für soziologische Theorie nutzen, sondern auch soziologisches Schreiben literarisieren. Um diese Effekte auf und in soziologischen Texten zu unterscheiden, schlage ich die folgenden Kategorien vor: literarische Montagen, hybride Texte und liminale Texte.

---

4 Theorieeffekt nach Bourdieu bedeutet kurz, die (unreflektierte) Übernahme einer autorisierten Vorstellung von sozialer Welt (Bourdieu 2015: 100).

Literarische Montagen

Walter Benjamin, auf dessen Arbeiten ich später im Kontext der »liminalen Texte« näher eingehen werde, prägte den Begriff »literarische Montage« folgendermaßen:

»Ich habe nichts zu sagen. Nur zu zeigen. Ich werde nichts Wertvolles entwenden und mir keine geistvollen Formulierungen aneignen. Aber die Lumpen, den Abfall: die will ich nicht inventarisieren, sondern sie auf die einzig mögliche Weise zu ihrem Rechte kommen lassen: sie verwenden.« (Benjamin 2020: 7)

Über diese Definition hinausgehend verstehe ich als literarische Montage die Zitation selektiver Textpassagen, die Übernahme von Literatur als Ressource, Darstellungsbild und Datenmaterial oder auch als Argumentation in soziologischen Texten. Wie bei Benjamin werden unterschiedliche Textsorten zusammengebracht, jedoch nicht um die Selbstverständlichkeit(-en) durch Unterbrechung zu stören, sondern um den soziologischen Text zu unterstützen, zu legitimieren oder zu plausibilisieren. In diesem Zusammenhang werden Zitate verwendet, um Vorzüge literarischen Schreibens zu nutzen.

Hierzu lassen sich vielfältige Beispiele finden, bei denen Argumentationen über literarische Montagen ausgelagert werden, wie es Bourdieu exemplarisch im letzten Teil von »Die Lust am Lesen« macht (Bourdieu 2012: 780 ff.). Um ein Bild des distinguierten Lesens und der Kultur um dieses Lesen zu malen, nutzt er einen längeren Ausschnitt aus »Tage des Lesens« von Marcel Proust. Mit dem kleinen Verweis »Man darf sich hier getrost Proust anvertrauen« (Bourdieu 2012: 780), nutzt er ein längeres Proust-Zitat nicht nur als Schaubild, sondern als essenziellen Bestandteil seiner Argumentation. Auch die berühmte Strandszene in Goffmans »Wir alle spielen Theater« (2003: 8 ff.) ist ein Beispiel für dieses Vorgehen: Goffman nutzt Teile des Romans »A contest of Ladies« von William Sansom zur Darstellung seiner Konzeptionen. Literarische Montagen können als Bonmot einem Text vorangestellt, als Argumentation eingesetzt oder als Anschauungsbild genutzt werden. Im Rahmen der Montage werden aber keine literarischen Schreibstile angewandt, sondern aus anderen Texten genutzt.

Hybride Texte

Die zweite Art von Literatureffekten sind hybride Texte. Dabei handelt es sich um eine Melange aus verschiedenen Schriftgattungen, in denen Erzählstile und Informationstexte vermischt werden (Bintz, Ciecierski 2017). In der Soziologie gibt es eine Vielzahl von hybriden Texten, in denen Autorinnen und Autoren literarische Erzählstile verwenden. Sie reichen von Einführungsbänden bis hin zu soziologischen Romanen, die sowohl für die kunstbasierte Forschung als auch für die Lehre genutzt werden können. Hybride Texte verbinden soziologische Inhalte mit einer literarischen Form. Sie stellen bestimmte soziale Phänomene in einer einzigen Geschichte dar, um sie mit soziologischen Fragen oder Theorien zu verknüpfen. Sie sind oft fiktional und werden mit soziologischen Überlegungen kombiniert. Diese Texte trotzen der »Entliterarisierung« dadurch, dass in ihnen selbst literarisches Schreiben einen Platz findet, um Erkenntnisse und soziologische Wissensbestände zu verdeutlichen.

Dabei kann man zum Beispiel an Einführungsbücher in die Soziologie denken wie »Soziologie: Zehn einführende Vorlesungen« von Armin Nassehi (2008) oder »Paulette am Strand: Roman zur Einführung in die Soziologie« (2008) von Gerhard Wagner. Noch stärker ist in der englischsprachigen Soziologie vor gut zehn Jahren ein Trend entbrannt, *fiction* und *social theory* zusammenzubringen. Dies zeigt sich auf verschiedenen Konferenzen oder Blogs, am eindrücklichsten aber anhand der Sparte »Sociological Fiction« in »The Sociological Review« oder der 45-bändigen »Social Fiction Series«. Darin schreiben unterschiedliche Autor:innen mit soziologischem Hintergrund – die meisten waren oder sind Dozierende an US-amerikanischen Hochschulen und Universitäten – Romane, die sich an soziologischen Wissensbeständen orientieren. All dies deute ich als eine Ästhetisierung und Literarisierung der Gegenwarts-Soziologie – eine Soziologie, die versucht, an singulären Erzählungen soziologische Erkenntnisse zu zeigen, im gleichen Atemzug aber auch unter den Zwang des Kreativdispositivs fällt, spannend und aufregend sein zu müssen.

Patricia Leavy – Social Fiction

Die bekannteste Autorin der *Social Fiction Series*, Patricia Leavy hat für ihre literarisch-soziologischen Bücher mehrere Preise gewonnen und viel zu *arts-*

based research gearbeitet (Leavy 2019a). Sie beschreibt ihre literarischen Texte als fiktional, jedoch auf Interviewmaterial, Lehre und persönlichen Beobachtungen basierend. Im Vorwort zu der Reihe, deren Herausgeberin Leavy ist, schreibt sie:

»Each book includes an academic introduction that explains the research and teaching that informs the book as well as how the book can be used in college courses The books are underscored with social science or other scholarly perspectives« (Leavy 2016).

In ihrem Roman »Blue« sind die Hauptprotagonistin Tash, deren Mitbewohner:innen Penelope und Jason und eine dazukommenden Liebe namens Aidan mit Fragen und Problemen des Älterwerdens konfrontiert (Leavy 2016). Die zentralen Stellen dieser Coming-of-Age-Geschichte (die immer mit der Farbe Blau verbunden sind) drehen sich um soziologische Themen wie zum Beispiel Rollenkonflikte. Der Roman endet mit Tipps und Tricks, die in der soziologischen Lehre eingesetzt werden könnten. Er will soziologische Erkenntnisse vermitteln und den soziologischen Blick üben. In ihren anderen Novellen arbeitet Leavy auf ähnliche Weise. In »SPARK« (2019b) folgt sie der Protagonistin Peyton Wilde, einer Soziologie-Professorin, die ihre einstige Begeisterung für die Soziologie in ihren 30ern verloren hat: »She studied sociology in college and pursued a career as a professor, hoping to instill sparks of inspiration in others, but by her thirties her belief in the bigness of life had faded.« (Ebd.: 3). Hier tritt nicht nur eine Soziologin als Hauptfigur auf, sondern im Verlauf der Geschichte ist es der Forschungsprozess selbst, der literarisch nachgestellt und gedeutet wird. Auch an diesen hybriden Text schließen Möglichkeiten zur weiteren Beschäftigung durch Hausaufgaben, Gruppendiskussionen, Forschungsaktivitäten und Übungen zum *creative writing* an.

Liminale Texte

Die dritte Art von Literatureffekten, die auf und in soziologischem Schreiben wirkt, sind »liminale Texte«. Liminale Texte stellen die Grenzen zwischen den Disziplinen in Frage, weil unbeantwortet bleibt, um welche Art von Text es sich handelt. Diese Texte verwenden keine literarischen Erzählungen, sondern sind so sehr zwischen verschiedenen Gattungen, Systemen,

Medien und Formen verwoben, dass sie Gattungszuordnungen oder eindeutige Zuordnungen in Frage stellen beziehungsweise selbst einen neuen Textkorpus darstellen. Liminale Texte weisen eine enge Verbindung zwischen Form und Inhalt auf, liegen meist als programmatische Texte, Essays, Vorträge oder Manifeste vor und verhandeln unter anderem gesellschaftliche Antagonismen, Normen, Werte, Emotionen oder Realitätskonzepte. Susanne Knaller, Stephan Moebius und Martina Scholger haben in ihrer Monografie »Twilight Zones« (2022) das Konzept der liminalen Texte anhand eines Textkorpus entwickelt, der sich von 1880 bis 1940 erstreckt. Liminale Texte vermischen, oft durch ihre eigene Komposition, die Unterschiede zwischen Wissenschaft und Poesie, Fakt und Fiktion, literarisch und nicht-literarisch. Die Verwendung unterschiedlicher Mittel ist ein Kennzeichen dieser Texte, die von Knaller, Moebius und Scholger als ästhetische Praktiken aufgefasst werden. Auf diese Weise sind sie aktive Interventionen, die oft auf aktuelle Krisen reagieren: »interventions and practices intended to transform, interpret, judge or adjust these social processes« (Knaller, Moebius, Scholger 2022: 19). Liminales nimmt den Raum des Dazwischen, zwischen etablierten Bereichen des Sozialen, ein und ist so nur im Übergang zuhause: »at the edge of structures« (Turner 1969: 372).

Gabriel Tarde – »Fragment d'histoire future«

Das erste kurze Textbeispiel, das hier als liminal gedeutet wird, ist der utopische Roman Gabriel Tardes »Fragment d'histoire future« (2015), den er 1879 geschrieben, doch erst siebzehn Jahre später veröffentlich hat. Es ist nicht das einzige literarische Werk Tardes. Seine Gedichte und Erzählungen, 1879 publiziert, zog er jedoch selbst wieder aus dem Handel. Tarde – Soziologe, Kriminologe, Literat mit Aussehen eines Dichters – war der große Konkurrent Durkheims und sein anti-deterministischer Gegenpol. In »Die Gesetze der Nachahmung« (2003) entwickelt er eine Gesellschaftstheorie, bei der nicht die hinreißende Kraft sozialer Tatsachen nach Durkheim (1984) den Modus der Gesellschaft darstellt. Gabriel Tarde geht stattdessen von einem Zwei-Klassen-Modell aus, in dem es Schaffende, Machende (oder in anderen Worten: Trendsetter) gibt und eine große Gruppe, die durch Imitation deren innovativen Praktiken nacheifert.

Tarde entwickelt dieses und andere Modelle, doch den Roman, dem dieses Gesellschaftsbild eingeschrieben ist, hält er in der Hinterhand. Erst nachdem er drei »als seriös geltende Bücher publiziert hatte, erscheint das ›Fragment‹« (Lepenies 1988: 61). Warum kann dieser Roman als liminaler Text gelesen werden? Zum einen antwortet er auf die Entwicklungen der Zeit, in besonderem Maße auf die Etablierung der Soziologie und die damit verbundenen Streitereien, an denen der Autor nicht ganz unbeteiligt ist. Diese Streitereien sind in den Roman eingewoben; Tarde bezeichnet die Soziolog:innen als die »ungeselligsten aller Menschen« (2015: 73).

Zweitens reagiert Tarde mit dem utopischen Roman auf die »Entliterarisierung«. Es ist kein rein fiktiver Text, sondern eine Darstellung seiner Theorie: Miltiades ist das kühne Vorbild, dessen Umdenken die Menschheit nach dem Erkalten der Sonne rettet. Anstatt sich weiter an das kalte Universum zu richten, schlägt er vor, sich in die wärmende Mutter, unter die Erde zurückzuziehen. Dem Vorschlag des Helden folgen alle zukünftigen Überlebenden – und ohne die Hilfe einer sozialen Tatsache im Sinne Durkheims führt Miltiades, ein Mann der sozialen Tatsachen, die Menschen unter die Erde. Und siehe da, sie ist wunderschön, im »ewigen Blau ohne eine je eintretende Nacht« (ebd.: 34).

Drittens ist es aber nicht nur Darstellung seiner Theorie, sondern auch soziologisches Schreibexperiment, in dem er das Gedankenspiel betreibt, was denn mit den Menschen wäre, wenn sie nicht mehr von den Gezeiten, der Sonne, von Regen, Wind und Wetter abhängig wären.

Viertens bringt Tarde hier soziologisches Wissen und literarische Erzählung zusammen, wenn auch nur autorisiert durch die Idee zu dem Roman, die von einem Naturwissenschaftler stammt, wie man bei Lepenies nachlesen kann (1988: 61).

Schließlich ist die Veröffentlichung des Romans ein Ereignis, das das Feld neu aufstellt. Während sich Tarde zu einer literarischen Soziologie oder soziologischen Literatur bekennt, können seine Kontrahenten behaupten, dass er nicht nur schon immer ein schlechter Soziologe, sondern auch ein schlechter Schriftsteller war. So oder so, die sich etablierende französische Soziologie musste auf diesen Text reagieren und wurde von ihm geformt, auch wenn er durch den Sieg Durkheims verdammt wurde.

Benjamin – Bloch – Adorno

Die liminale Textreihe von Walter Benjamin und seiner »Einbahnstraße« aus dem Jahr 1928 über Ernst Blochs »Spuren« von 1930 bis zu Theodor W. Adornos »Minima Moralia«, geschrieben zwischen 1944 und 1949, ist ein weiterer, recht beeindruckender Anwendungsfall dieses Literatureffektes (Benjamin 2011; Bloch 2016; Adorno 2020). Diese Schriften machen den Erkenntnisprozess, den das Schreiben selbst darstellt, immer wieder zum Gegenstand – die Reflexion kreist um das Erkennen durchs Schreiben. Auch sie widersetzen sich der »Entliterarisierung« und setzen literarisches Schreiben als ästhetische Praxis gezielt ein, verbinden Fakt und Fiktion und lassen Grenzen zwischen Kunst und Wissenschaft verschwimmen. Nicht ohne Grund wird in den »Twilight Zones« Benjamin als bester Freund des Projekts bezeichnet (Knaller, Moebius, Scholger 2022: 106).

Benjamins »Einbahnstraße« verbindet einzelne täglich angestellte Betrachtungen des Besonderen mit spekulativen Reflexionen über das Allgemeine, oder wie sein Freund Adorno es formuliert:

> »Wer die Wahrheit übers unmittelbare Leben erfahren will, muß dessen entfremdeter Gestalt nachforschen, den objektiven Mächten, die die individuelle Existenz bis ins Verborgenste bestimmen. Redet man unmittelbar vom Unmittelbaren, so verhält man kaum sich anders als jene Romanschreiber, die ihre Marionetten wie mit billigem Schmuck mit den Imitationen der Leidenschaft von ehedem behängen, und Personen, die nichts mehr sind als Bestandstücke der Maschinerie, handeln lassen, als ob sie überhaupt noch als Subjekte handeln könnten, und als ob von ihrem Handeln etwas abhinge« (Adorno 2020: 14).

Um sich nicht wie jene Romanschreiber zu verhalten, braucht es in diesem Denken eine Vermittlung. Die Betrachtung des einzelnen Gegenstandes oder Wortes, der einzelnen Szene oder Geste wird hier mit seinem gesellschaftlich zugerichteten Zustand verbunden, weshalb sich vom einzelnen Objekt über die subjektive Perspektive die grundlegende Kritik als ein Moment von Wahrheit erkennen lässt. Dabei nimmt das Schreiben – und somit auch die Form und nicht nur der Inhalt, obwohl sich dies bei liminalen Texten generell nicht voneinander trennen lässt (vgl. Knaller, Moebius, Scholger 2022) – die Rolle einer Erkenntnismethode ein. Das Schreiben ist hier das Aussenden der Alarmsignale, die die Wahrheit überrumpeln und aufschrecken; das Schreiben des liminalen Texts ist nicht Darstellung, sondern Herstellung dieses Moments:

»Technische Nothilfe. Es gibt nichts Ärmeres als eine Wahrheit, ausgedrückt wie sie gedacht ward. In solchem Fall ist ihre Niederschrift noch nicht einmal eine schlechte Photographie. Auch weigert sich die Wahrheit (wie ein Kind, wie eine Frau, die uns nicht liebt) vorm Objektiv der Schrift, wenn wir uns unters schwarze Tuch gekauert haben, still und recht freundlich zu blicken. Jäh, wie mit einem Schlage will sie aus der Selbstversunkenheit gescheucht und sei es von Krawall, sei's von Musik, sei es von Hilferufen aufgeschreckt sein. Wer wollte die Alarmsignale zählen, mit denen das Innere des wahren Schriftstellers ausgestattet ist? Und ›Schreiben‹ heißt nichts anderes, als sie in Funktion setzen.« (Benjamin 2011: 64)

Als Alarmsignal fungiert bei Benjamin, Bloch und Adorno, aber auch in Siegfried Kracauers »Straßen in Berlin und anderswo« (2020), die Betrachtung des alltäglichen Lebens, in dem sich allgemeingesellschaftliche Zusammenhänge herauskristallisieren. Diese Textsammlungen stellen sich gegen die »Entliterarisierung«, gegen Ausrichtungen der Felder, besonders gegen eine Vorherrschaft der Faktizität und unterspülen diese in der Feststellung, dass es gesellschaftliche Bereiche gibt, die nicht alleine mit den positivistischen Methoden der Sozialwissenschaft eingefangen werden können. In der Abwehr und Diskussion, die diese Texte in unterschiedlichen Phasen der Geschichte der Soziologie immer wieder auslösen, zeigt sich die Veränderung der Disziplin durch sie.

Im Folgenden möchte ich noch auf drei Autor:innen eingehen, die sich im Spannungsfeld von Literatur und Gesellschaftstheorie bewegen und die in den letzten Jahren den Diskurs über Schreibformen des Sozialen, besonders über die Form der Autosoziobiographie, stark angeregt haben: Annie Ernaux, Didier Eribon und Lea Ypi.

Annie Ernaux – Ethnologin ihrer selbst

Ernaux scheint auf den ersten Blick aus der Reihe der drei Autor:innen herauszustechen: Sie ist keine Soziologin oder ähnliche Wissenschaftlerin – wenngleich »en somme ethnologue de moi-même« (Ernaux 2011: 224). Daher lassen sich ihre Texte, zwischen Soziologie und Literatur, eher als eine Soziologisierung literarischer Texte deuten. Darüber hinaus sind manche ihre Bücher erst mit einer jahrzehntelangen Verspätung in der deutschen Öffentlichkeit und der deutschsprachigen Soziologie wahrgenommen worden (Finck 2021). Aber ähnlich wie bei Benjamin, Bloch und Adorno[5] lassen

5 Ihre Verweise auf die »Minima Moralia« sind daher nicht überraschend (Ernaux 2003: 56).

sich in Annie Ernaux' Texten, die sie selbst im Spannungsfeld zwischen Literatur, Soziologie und Geschichte verortet – »entre la littérature, la sociologie et l'histoire« (Ernaux 2003: 74), alltägliche Betrachtungen finden. Bekannte Szenen wie ihre Beschreibungen von Fahrten mit der Regionalbahn RER um Paris, von Supermärkten, Essensroutinen oder Kosenamen leiten über zu Analysen durch soziologische Kategorien, die sich besonders an Begriffen Bourdieus wie Habitus oder soziale Klasse orientieren. Seit Romanen wie »La Place«, der 1983 veröffentlicht wurde, ist ihr selbst gesetztes Ziel die Integration von Bourdieus Soziologie in ihre Literatur – »C'est à ce titre que la sociologie pourrait être considérée comme intégrée à ma poétique« (Ernaux 2017: 94). Sie möchte mit ihrer Literatur, unterstützt durch soziologische Mittel, gesellschaftliche Verhältnisse allein schon dadurch kennzeichnen, dass sie andere Bezeichnungen wählt. Sie spricht beispielsweise lieber von herrschenden und beherrschten Fraktionen statt von Reichen und Armen.

Ihre Art des Schreibens zwischen Literatur und Soziologie kann auch in ihrem neuesten Roman »Le Jeune Homme« (2022) identifiziert werden. In der Erzählung trifft die Protagonistin, die – wie oft in ihren Schriften – sie selbst in einer vergangenen Form ist, einen dreißig Jahre jüngeren Studenten. Es beginnt zwischen ihnen ein Liebesverhältnis und die Protagonistin findet Zugang zu einer Lebenswelt, der sie als soziale Aufsteigerin längst entwachsen war. Sie kommt zu ihm nach Rouen, wo auch sie studiert hat. Sie erlebt aufs Neue die Kahlheit heruntergekommener Wohnungen von Studierenden, das improvisierte Dasein der Menschen in einem Übergangsstadium mit ihren Cafés, ihren Möbeln und dem erfrorenen Salat im zu kalten Kühlschrank. Darüber hinaus trifft sie auf Handlungsweisen und Begriffe,[6] die sie an ihre eigene Herkunft aus einfachen Verhältnissen erinnern. Auch in »Le Jeune Homme« schreibt Ernaux als ihre eigene Ethnologin über ihr Leben und untersucht die Verhaltensweisen, Geschmacksorientierungen und Positionierungen im sozialen Raum.

Ihre Ansicht des Schreibprozesses kann als liminal gedeutet werden, da er nicht instrumentell eingesetzt wird, sondern etwas herstellt. Der Schreibprozess als Finden ist bei Ernaux ein Schreiben über mehrere *Ichs* – sie schreibt von sich, über sich, außerhalb von sich – das *Ich* ist dabei keine stabile Identität, sondern durchdrungen von anderen sozialen Einflüssen,

6 Zum Beispiel das Nichtwählen oder die Bezeichnung als »meuf« (Ernaux 2022: 19), was man wohl am besten mit dem Begriff der »Tussi« übersetzt.

die in ihr wohnen (Ernaux 2011: 7). Für sie ist zwar das Objekt des Schreibens ein Vergangenes, der Prozess besitzt aber eine Gegenwart und Zukunft. Sie schreibt, um etwas herauszukristallisieren und mischt dabei literarische Beschreibungen mit soziologischen Konzeptionen. Die Soziologisierung ihrer Literatur ist liminal, da ihr Schreiben beständig zwischen Literatur und Soziologie, zwischen Gegenwärtigem und Zukunft oszilliert. Dieser Schreibprozess ist für sie das einzige Mittel, um hinter Erlebtes einen Schlussstrich zu ziehen – »si je ne les écris pas, les choses ont été seulement vécues« (Ernaux 2022: 9).

Didier Eribon – Soziologische Introspektion

Eribons Buch »Rückkehr nach Reims« ist ein prominentes Thema des soziologischen Diskurses insbesondere der deutschsprachigen Soziologie der letzten Jahre gewesen. Der Text wurde erst nach einer siebenjährigen Odyssee 2016 in deutscher Übersetzung publiziert und nahm dann den deutschen Markt, das Feuilleton und den Fachdiskurs ein. Ich lese die »Rückkehr nach Reims« wie auch Eribons »Gesellschaft als Urteil« (2017) als liminale Texte, da auch hier die Grenze zwischen unterschiedlichen Feldern, und vor allem die zwischen Soziologie und Literatur, unterwandert wird. Eribon sieht diese beiden Schriften weniger als biographische Arbeiten, sondern als theoretische Auseinandersetzung. Mit Hilfe der Methode der soziologischen Introspektion verbindet er Schriften von Bourdieu und Ernaux mit alltäglichen Betrachtungen, Erinnerungen oder Familienverläufen. Seine Schriften »erlangen ihren Sinn, wenn sie mit literarischen und theoretischen Texten in Resonanz treten, die sich mit ähnlichen Problemen befasst haben« (Eribon 2017: 11). Seine Texte, und so klingt auch eine häufig formulierte Kritik an ihnen, lassen sich schwer negieren, da zu diesem Zweck sein Lebensweg in Frage gestellt werden müsste. Mit dem Mittel der Literarisierung von soziologischen Arbeiten und in Bezug auf den gespaltenen Habitus nach Bourdieu (Eribon 2016: 12) verbindet Eribon seinen exemplarischen Fall mit gesellschaftlichen Entwicklungen und den Bedingungen sowohl des gesellschaftlichen Aufstiegs als auch Ausschlusses.

Er wirkt somit der »Entliterarisierung« entgegen, schreibt in einem Schwebezustand zwischen Literatur und Soziologie. Seine Schriften stellten eine Überraschung für die Soziologie, aber auch andere Disziplinen und Öffentlichkeiten dar, auf die reagiert werden musste.

Lea Ypi – Free

Das letzte Beispiel dieses Beitrags ist die Publikation »Free« von Lea Ypi. Die Professorin für politische Theorie an der London School of Economics and Political Science publizierte 2021 ihre Memoiren über das Aufwachsen im sozialistischen und abgeschotteten Albanien, den Zusammenbruch ihrer gewohnten Lebenswelt mit elf Jahren und die radikalen Veränderungen, die sich danach für sie persönlich, ihre Familie, ihr Umfeld und die sozialen Verhältnisse abzeichneten. Sie verbindet dabei Erinnerungen, historische Ereignisse und politische sowie soziale Einschätzungen. In ihrer Erzählung nimmt sie makrosoziale Analysen vor und vergleicht retrospektiv die unterschiedlichen Perspektiven und Verkettung der Akteure, die sie in ihrem Aufwachsen umgaben. Der Roman, dessen Untertitel »Coming of Age at the End of History« lautet, ist im englischsprachigen Raum in kürzester Zeit zu einem stark rezipierten und besprochenen Buch geworden, das zwischen unterschiedlichen Feldern seinen Platz eingenommen hat. Es lassen sich dabei Ähnlichkeiten zum Schreiben Ernaux' feststellen. Auch hier werden Geschmacksorientierungen, Handlungsweisen und Positionierungen zwischen unterschiedlichen Statusgruppen analysiert und in literarisierter Form anhand ihres Lebens gezeigt. Ob es sich dabei um das geächtete Zusammentreffen mit Kindern von Touristen mit deren merkwürdigem Geruch von Sonnencreme dreht – »We always knew when there were tourist children nearby because the beach smelled weird, a hybrid of flowers and butters« (Ypi 2021: 88) – oder um die Arbeiter:innenaufmärsche, die im Mai 1990 noch für das sozialistische Albanien die Parade abhielten und im Dezember für die Überwindung des Systems demonstrierten (Ypi 2021: 138). In »Free« verbinden sich unterschiedliche *Ichs* mit der Analyse der Beziehung von einzelnen Phänomenen zu gesellschaftlichen Verhältnissen. Auch hier lassen sich Anzeichen eines liminalen Textes finden, der als Intervention im Sinne Moebius' (Knaller, Moebius, Scholger 2022: 19) soziale Prozesse neu interpretiert und dabei unterschiedliche Erkenntnisse literarisiert vorstellt. Der Text Lea Ypis dient als Intervention insofern, als dass er eine Umdeutung der Veränderungen Albaniens anbietet und die Geschichtsumbrüche anders gedeutet literarisch erzählt.

Eine Literarisierung und Ästhetisierung des soziologischen Schreibens?

Während in den letzten Jahren in der Soziologie zunehmend von Ästhetisierung und Kulturalisierung – als Gegenbewegung zu Verallgemeinerung, Standardisierung und Rationalisierung – die Rede war (Hieber, Moebius 2014; Reckwitz 2021), sind die Untersuchungen zur Ästhetisierung und Literarisierung von soziologischen Texten noch rar. Ästhetisierung soll hier als »dialektisch verschränkter Prozess« (Hieber, Moebius 2014: 7) verstanden werden, da sie sowohl Produkt einer Zunahme an erwarteter Ästhetik ist und selbst Ästhetisierungsprozesse auslöst.

Die Soziologisierung literarischer Texte, besonders solcher, die von Klassenwechsel oder sozialer Mobilität handeln (Griem 2022: 127), wurde auf ihre Verbindung mit Theorien der Singularisierung untersucht. Jedoch fehlt ein Diskurs über soziologische Texte, bei denen vermehrt singuläre, negationsimmune und literarisierte Erzählungen eingesetzt werden und die ich daher als hybrid oder liminal bezeichne. Die in diesem Beitrag exemplarisch besprochenen Erscheinungen der letzten Jahre in der französisch-, englisch- und deutschsprachigen Soziologie deute ich auf der einen Seite als eine Reaktion auf die Standardisierung des Schreibens (sozial-)wissenschaftlicher Texte. Auf der anderen Seite verstehe ich diese Erscheinungen als eine »kulturelle Umwelt, welche die Subjekte immerfort affiziert« (Reckwitz 2021: 237). Das literarisierte Schreiben soziologischer Texte ist nicht nur dialektisches Produkt der Standardisierung von wissenschaftlichen Artikeln, sondern entsteht auch durch den Einfluss, den bereits literarisierte Texte auf andere Schreibende in der Disziplin der Soziologie haben. Ich beende diesen Beitrag mit drei offenen Fragen, die ich gerne mit Schreibenden und Lesenden in der deutschsprachigen Soziologie besprechen würde und auf Diskurs hoffend hier im Forum der Deutschen Gesellschaft für Soziologie stelle:

- Welche Scheibenden können ohne Risiko hybride oder liminale Schreibweisen einsetzen?
- In welchen Kontexten (wissenschaftliche Schulen oder Ausrichtungen, Regionen) tauchen diese Schreibformen vermehrt auf?
- Ist die wachsende Zahl von literarisierten und ästhetisierten Texten eine Reaktion auf die zunehmende Standardisierung des Schreibens wissenschaftlicher Artikel?

Literatur

Adorno, Theodor W. 2020 [1969]: Minima Moralia. Frankfurt am Main: Suhrkamp.

Amlinger, Carolin 2021: Schreiben. Eine Soziologie literarischer Arbeit. Frankfurt am Main: Suhrkamp.

Becker, Howard S. 1994: Die Kunst des professionellen Schreibens. Ein Leitfaden für die Geistes- und Sozialwissenschaften. Frankfurt am Main: Campus.

Benjamin, Walter 2011 [1928]: Einbahnstraße. Frankfurt am Main: Suhrkamp.

Benjamin, Walter 2020: Passagen, Durchgänge, Übergänge. Eine Auswahl. Ditzingen: Reclam.

Bintz, William P. / Ciecierski, Lisa M. 2017: Hybrid Text: An Engaging Genre to Teach Content Area Material Across the Curriculum. International Literacy Association. https://ila.onlinelibrary.wiley.com/doi/full/10.1002/trtr.1560, letzter Aufruf 18. August 2022.

Bloch, Ernst 2016 [1930]: Spuren. Frankfurt am Main: Suhrkamp.

Boltanski, Luc 2013: Rätsel und Komplotte. Kriminalliteratur, Paranoia, moderne Gesellschaft. Frankfurt am Main: Suhrkamp.

Bourdieu, Pierre 2012: Die feinen Unterschiede. Kritik der gesellschaftlichen Urteilskraft. Frankfurt am Main: Suhrkamp.

Bourdieu, Pierre 2015: Was heißt Sprechen? Zur Ökonomie des sprachlichen Tausches. Wien: New Academic Press.

Bourdieu, Pierre 2016: Die Regeln der Kunst. Genese und Struktur des literarischen Feldes. Frankfurt am Main: Suhrkamp.

Durkheim, Emile 1984 [1895]: Die Regeln der soziologischen Methode. Frankfurt am Main: Suhrkamp.

Eribon, Didier 2016: Rückkehr nach Reims. Frankfurt am Main: Suhrkamp.

Eribon, Didier 2017: Gesellschaft als Urteil. Frankfurt am Main: Suhrkamp.

Ernaux, Annie 2003: L'ecriture comme un couteau. Paris: Gallimard.

Ernaux, Annie 2011: Écrire la vie. Paris: Gallimard.

Ernaux, Annie 2017: »La littérature, c'est la mise en forme d'un désir«. Journal des anthropologues, http://journals.openedition.org/jda/6605, letzter Aufruf am 18. August 2022.

Ernaux, Annie 2022: Le jeune homme. Paris: Gallimard.

Finck, Sonja 2021: Bis der Rhythmus stimmt. Gespräch mit Jan Knobloch. Frankfurter Allgemeine Zeitung vom 28. Juli 2021.

Goffman, Erving 2003 [1959]: Wir alle spielen Theater. München: Piper.

Griem, Julika 2022 : Autofiktion als Automobilität. Literarische Bewegungsbilder im kulturalisierten Klassenkampf. WestEnd, 19. Jg., Heft 1, 125-139.

Hamel, Jacques 2018: Savoir écrire en sociologie et dans les sciences sociales. Montreal: University Press.

Hieber, Lutz / Moebius, Stephan 2014: Ästhetisierung des Sozialen. Reklame, Kunst und Politik im Zeitalter visueller Medien. Bielefeld: transcript.

Hörisch, Jochen 2007: Das Wissen der Literatur. München: Fink Wilhelm.

Knaller, Susanne / Moebius, Stephan / Scholger, Martina 2022: Twilight Zones, Liminal Texts of the Long Turn of the Century (1880 to 1940); Austria, France, Germany. Graz: University Press.

Kracauer, Siegfried 1979: Der Detektiv-Roman. Ein philosophisches Traktat. Frankfurt am Main: Suhrkamp.

Kracauer, Siegfried 2020 [1964]: Straßen in Berlin und anderswo. Frankfurt am Main: Suhrkamp.

Leavy, Patricia 2016: Blue. Boston: Brill Sense.

Leavy, Patricia 2019a: Handbook of Arts-Based Research. New York: Guilford Press.

Leavy, Patricia 2019b: SPARK. New York: Guilford Press.

Lepenies, Wolf 1988: Die drei Kulturen, Soziologie zwischen Literatur und Wissenschaft. Hamburg: Rowohlt.

Nassehi, Armin 2008: Soziologie: Zehn einführende Vorlesungen. Wiesbaden: VS.

Ortmann, Marc 2022: Ähnlichkeiten. Soziologie & Literatur. Trajectoires, Heft 15, https://journals.openedition.org/trajectoires/8008, letzter Aufruf am 18. August 2022.

Reckwitz, Andreas 2021: Die Gesellschaft der Singularitäten. Frankfurt am Main: Suhrkamp.

Reckwitz, Andreas 2022: Wenn Schreiben Forschung wird. Andreas Reckwitz im Gespräch mit Martin Bauer, https://www.soziopolis.de/wenn-schreiben-forschung-wird.html, letzter Aufruf am 18. August 2022.

Tarde, Gabriel 2003 [1890]: Die Gesetze der Nachahmung. Frankfurt am Main: Suhrkamp.

Tarde, Gabriel 2015 [1896]: Fragment einer Geschichte der Zukunft. Konstanz: Konstanz University Press.

Turner, Victor 1969: The Ritual Process: Structure and Antistructure. New York: Ithaca.

Wagner, Gerhard 2008: Paulette am Strand: Roman zur Einführung in die Soziologie. Weilerswist: Velbrück.

Ypi, Lea 2021: Free. Coming of Age at the End of History. Dublin: Penguin.

Aus dem DGS-Vorstand

Liebe Mitglieder der Deutschen Gesellschaft für Soziologie,

weiterhin wollen wir knapp über die aktuelle Arbeit des Vorstands berichten. Daher schreiben wir hier nach den regulären Sitzungen vier Mal pro Jahr kurze Berichte und möchten Ihnen außerdem auch sonst und sowieso einen regelmäßigen Blick auf die Homepage www.soziologie.de empfehlen. Sie wird von der Geschäftsstelle stets auf dem neuesten Stand gehalten. Die DGS hat darüber hinaus einen Twitter-Account (@DGSoziologie), einen Instagram-Kanal und einen Facebook-Account. Sie finden dort unter anderem Stellenangebote, Infos über Neuerscheinungen und Tagungen sowie Hinweise auf mediale Einlassungen von Soziolog:innen.

Auf unserer letzten Vorstandssitzung am 23. Juni 2022 haben wir uns aus pragmatischen Erwägungen online zusammengefunden und uns gefreut, wieder mit Diana Lengersdorf, Marco Siegmund und Annika Spill aus dem Organisationsteam des Kongresses 2022 in Bielefeld zu tagen. Bei der Gelegenheit wurden natürlich wieder organisatorische Details des diesjährigen DGS-Kongresses besprochen. Wie Sie dem Kongressprogramm und der homepage

https://kongress2022.soziologie.de/aktuelles

entnehmen können, hat sich das Vorhaben konkretisiert, den Angriffskrieg Russlands möglichst sinnvoll zu behandeln. Wir haben die Kollegin Olena Strelnyk (Kyiv, derzeit TU München) gewinnen können, die Veranstaltung »Gender (In)Equality and Russia's War on Ukraine: War-related Changes in Gender Relations and Politics« in Bielefeld auf die Beine zu stellen. Die Vorstandskolleginnen Manuela Boatcă und Heike Delitz haben eine weitere Veranstaltung zum Thema beim Kongress organisiert.

Wie Sie wissen, haben wir gemeinsam mit anderen Fachverbänden eine neue Version der Stellungnahme zum Wissenschaftszeitvertragsgesetz verfasst und angemahnt, dass der Koalitionsvertrag der Bundesregierung zu Wissenschafts- und Forschungspolitik zu sehr auf Innovation, Nützlichkeit und Wirtschaftlichkeit, zu wenig aber auf Wissenschaft als Wert an sich und als gesellschaftliche Selbstaufklärung setzt. In einem Gespräch mit zwei Abteilungsleitern des BMBF, initiiert von Diana Panke (DVPW) und mir, wurden die Bedenken gehört. Es wurde versichert, dass dies Berücksichtigung finden wird und eine Engführung der Wissenschafts- und Forschungspolitik auf ökonomische oder ›Nützlichkeits‹-Aspekte keinesfalls beabsichtigt ist.

Eine Stellungnahme des Vorstands zum Plagiatsfall Cornelia Koppetsch wurde bereits vor einiger Zeit auf der Homepage veröffentlicht (s. nächste Seite). Hierauf erfolgten verschiedene Anfragen aus Medien und Mitgliedschaft, auch zu weiteren Fällen. Der Vorstand möchte davon absehen, in jedem Fall eine Stellungnahme abzugeben, insbesondere wenn universitätsinterne Prüfverfahren noch nicht abgeschlossen sind. Zudem erarbeitet die Ethik-Kommission eine grundsätzliche Stellungnahme zu Plagiaten im sozialwissenschaftlichen Sinne, die bald veröffentlicht wird. Nicht zuletzt befasst sich ja das Heft, das Sie gerade in Händen halten, mit der Thematik. Wir wünschen anregende Lektüre.

Der Ausschuss »Soziologie in Schule und Lehre« hat sich seit der letzten Sitzung des Vorstands zwei Mal getroffen und ein Abstract zu dem Papier über Mindeststandards für die soziologische Lehre in der Schule verfasst. Dies soll im Herbst an die Kultusministerkonferenz und die Ministerien der Länder geschickt werden. Ein Beitrag für die SOZIOLOGIE über Schulpolitik ist derzeit in Arbeit.

Aus der Geschäftsstelle gibt es zu berichten, dass mit Rebekka Bürkert eine neue studentische Mitarbeiterin hinzugekommen ist. Sie kümmert sich vornehmlich um die Social Media Präsenz der DGS auf Facebook, Twitter, Instagram und um die Website.

Ansonsten gilt weiterhin: We'll keep you informed! Wenn Sie etwas wissen oder kommentieren möchten, melden Sie sich gern bei der Geschäftsstelle. Marcel Siepmann (marcel.siepmann@kwi-nrw.de) ist Ihr / Euer Ansprechpartner, insbesondere hinsichtlich organisatorischer und verbandsinterner Abläufe. Alle Vorstandsmitglieder sind selbstverständlich auch ansprechbar, Sie finden uns über die Website.

Herzliche Sommergrüße, auch im Namen der Vorstandskolleg:innen,
Paula-Irene Villa Braslavsky

Stellungnahme zum Plagiatsfall Koppetsch

In Anbetracht der auch in den Medien bereits berichteten wiederholten Plagiatsvorwürfe gegen die Darmstädter Soziologin Prof. Dr. Cornelia Koppetsch sieht sich der Vorstand der Deutschen Gesellschaft für Soziologie (DGS) zu folgender Stellungnahme veranlasst:

Die DGS ist gleichermaßen nachdrücklich wie selbstverständlich der Auffassung, dass sich jegliches wissenschaftliche Forschen, Lehren und Publizieren an den »Leitlinien zur Sicherung guter wissenschaftlicher Praxis« orientieren muss, wie sie die Deutsche Forschungsgemeinschaft (DFG) 1998 verabschiedet hat. Dies betrifft im Zusammenhang mit dem aktuellen Fall insbesondere die Verpflichtung aller wissenschaftlichen Autorinnen und Autoren, fremdes geistiges Eigentum in eigenen Texten auszuweisen und nach den Standards sozialwissenschaftlichen Zitierens kenntlich zu machen. Das betrifft u.E. unzweifelhaft auch forschungsbasierte Sachbücher. Diese Selbstverständlichkeit ist so auch bereits seit 1993 im Ethik-Kodex der Deutschen Gesellschaft für Soziologie und des Berufsverbandes deutscher Soziologinnen und Soziologen (BDS) dokumentiert.

Die Tatsache, dass im aktuellen Fall eine Kollegin offenkundig zum wiederholten Mal in ihren wissenschaftlichen Publikationen in erheblichem Umfang plagiiert hat, ist geeignet das Vertrauen in die wissenschaftliche Dignität unseres Faches zu untergraben und muss daher auf das Schärfste verurteilt werden. Als Fachgesellschaft der akademisch lehrenden und forschenden Soziologie sieht sich die DGS in der Verantwortung für die Ausbildung der Studierenden, denen Lehrende die Standards des Faches auch ganz praktisch vermitteln und vorleben müssen – Studierenden, die überdies bei vergleichbarem Verhalten Gefahr laufen, ihren Prüfungsanspruch zu verlieren. Wir sehen uns aber auch in der Verantwortung für die vielen jüngeren, nahezu immer in prekären Beschäftigungsverhältnissen tätigen Kolleginnen und Kollegen, denen es kaum zu vermitteln sein dürfte, wenn sich verbeamtete Professorinnen oder Professoren ihres Faches ihrer wissenschaftlichen Publikationsaufgaben durch großflächige Enteignung fremden geistigen Eigentums entledigen. Das kann und darf weder das Fach noch die Wissenschaft insgesamt tolerieren.

Das Skandalöse dieses Vorgangs, gerade in seiner unbeirrten Wiederholung, ruft indes auch die Frage auf, welchen Beitrag die strukturelle Unterfinanzierung des Wissenschaftssystems und der damit einhergehende Zwang zu Drittmittelakquise samt Publikationsdruck daran hat, dass wir mit solchen Fällen wissenschaftlichen Fehlverhaltens in jüngere Zeit und nicht allein in der Soziologie immer häufiger zu tun haben.

Der Darmstädter Untersuchungskommission, die diesen Fall – wie schon den vorhergehenden – sorgfältig und überaus transparent aufgearbeitet hat, gebührt unser aller Dank, und es ist an der TU Darmstadt, aus den Ergebnissen der Untersuchung die entsprechenden Konsequenzen zu ziehen.

Der Vorstand der Deutschen Gesellschaft für Soziologie e.V. (DGS)

Essen, 3. Juni 2022

BMBF Forschungsförderung – Unklarheiten, Verzögerungen, Streichungen

Sehr geehrte Frau Ministerin Stark-Watzinger,

wie wir der Presse und den Medien entnehmen und wie uns zahlreiche Mitglieder der Deutschen Gesellschaft für Soziologie (DGS) berichten, gibt es derzeit große Unklarheit und Verunsicherung hinsichtlich der Forschungsförderung durch das BMBF. Als Vorsitzende der DGS und als betroffene Antragstellerin habe ich am 7. Juli 2022 eine Vernetzung angeboten, bei der sich 65 Forschende aus den Bio-, Geo-, Ingenieur-, Geistes- und Sozialwissenschaften versammelt haben. Vor diesem Hintergrund möchte ich Ihnen und Ihrem Haus unsere Sorge vermitteln und Sie freundlich um Klärung der Vorgänge bitten:

Es scheint, dass insbes. die im März 2021 ausgeschriebene Förderlinie »Gesellschaftliche Auswirkungen der Corona-Pandemie – Forschung für Integration, Teilhabe und Erneuerung« komplett ausgesetzt wurde. Viele Sozialwissenschaftler:innen berichten von mündlich bzw. per E-Mail zugesagtem Projektbeginn und davon, dass der Projektträger DLR die Zuwendungsbescheide fortlaufend verschiebt. Alle Projekte, auch diejenigen, die etwa zum 1. Juli 2022 hätten beginnen sollen, warten demnach weiterhin auf eine verbindliche Aussage bzw. auf die Zuwendung. Es herrscht völlige Unklarheit seitens der Forschung, wie das BMBF nun mit der Förderlinie umgeht.

Es muss offenbar erneut betont werden, wie ›systemrelevant‹ die sozialwissenschaftliche Forschung zum Thema ›Gesellschaftliche Auswirkungen der Corona-Pandemie‹ war, ist und weiterhin auch sein wird. Ohne solide Forschung kann es keine evidenzbasierte Policy zu zentralen Dimensionen der biosozialen Pandemie geben. Dies betrifft zentrale Lebenslagen und handfeste soziale Wirklichkeiten der Menschen in diesem Land: Ungleichheit, Kindheit, Familienleben, Bildungseinrichtungen, Care-Arbeit, sozialer Zusammenhalt/Solidarität, Teilhabe, Geschlechterfragen, politische Einstellungen, Polarisierung usw. Dies sind nur einige der Aspekte, mit denen sich die Forschungsprojekte befassen, die das BMBF in einem hoch kompetitiven Prozess bewilligt hat. Das ist Forschung, die nicht zuletzt der nachhaltigen Bewältigung einer noch andauernden pandemischen Situation dient. Ebenso unverzichtbar ist die sozialwissenschaftliche Forschung zu »Rechtsextremismus und Rassismus« sowie zu »kultureller Vielfalt« für die Ausrichtung entsprechender Maßnahmen.

Die aktuelle Unklarheit in Bezug auf diese (und weitere) Förderlinien ist indes auch für den Wissenschaftsstandort Deutschland verheerend. Sie treibt zahlreiche junge Forschende aus Forschung und Lehre heraus, die hervorragend ausgebildet, hoch motiviert und überaus engagiert sind. Es kommt erschwerend hinzu, dass derzeit zahlreiche Projekte nicht (und nicht einmal kostenneutral, etwa wegen Elternzeiten oder Krankheit) verlängert bzw. zu Ende geführt werden. Das ist Politik auf Kosten von jungen Forschenden und ihren Familien.

Als Vorsitzende der DGS möchte ich Ihnen unsere Sorge über die aktuelle Situation vermitteln. Im Namen vieler Kolleg:innen möchte ich meine Irritation über das bis dato noch ungekannte Ausmaß an Unklarheit Ausdruck verleihen, das derzeit von Ihrem Hause hinsichtlich der Forschungsförderung ausgeht. Dies betrifft im Übrigen keineswegs nur die Sozialwissenschaften. Ich darf Sie deswegen höflich um Klärung hinsichtlich dieser konkreten Fragen bitten:

- Welche Forschungsförderlinien des BMBF sind derzeit wie von Kürzungen, Streichungen betroffen?
- Wann, wenn, wird die Förderlinie »Gesellschaftliche Auswirkungen der Corona-Pandemie – Forschung für Integration, Teilhabe und Erneuerung« zugewiesen, wann also können bewilligte Projekte tatsächlich starten?
- Nach welchen Kriterien verfährt das BMBF mit Anträgen in bzw. auf Fortführungen, Abschlussfinanzierungen, kostenneutralen Verlängerungen in sozialwissenschaftlich relevanten Förderlinien, etwa »Aktuelle und historische Dynamiken von Rechtsextremismus und Rassismus«?

Ich möchte als Vorsitzende der DGS erneut nachdrücklich für die solide Finanzierung entsprechender Projekte und maximale Transparenz in der Förderpolitik plädieren.

Sehr gern stehe ich für Gespräche zur Verfügung und bedanke mich für Ihre Aufmerksamkeit. Auf Ihre baldige Antwort freue ich mich im Namen der soziologischen scientific community Deutschlands.

Mit besten Grüßen,

Prof. Dr. Paula-Irene Villa Braslavsky
Vorsitzende der Deutschen Gesellschaft für Soziologie e.V.

München, den 13. Juli 2022

Veränderungen in der Mitgliedschaft

Neue Mitglieder

Vildan Aytekin, Bielefeld
Juan Denninger, Hamburg
Judith Dubiski, M.A., Köln
Julia Fritzsche, M.A., Rostock
Dr. Bani Gill, Tübingen
Prof. Dr. Barbara Grüning, Mailand
Daniel Guigui, M.Sc., Dublin
Fabian Hennig, M.A., Mainz
Dr. Wolfgang Kaltenbrunner, Leiden
Lea-Sophie Natter, Köln
Katharina Niedling, Bielefeld
Nathan Weis, M.A., Berlin

Austritte

Dipl.-Soz. Jochen Baumann, Berlin
Dr. habil. Christian Deindl, Dortmund
Annabarbara Friedrich, M.A., Hamburg
Jennifer Alexandra Giwi, Fulda
Dipl.-Soz. Janina Glaeser, Frankfurt am Main
Sebastian Gläßner, Bad Salzuflen
Dr. Joris Atte Gregor, Jena
Sarah Kaschuba, Potsdam
Dr. Friedhelm Kröll, Nürnberg
Katrin Linde, Bochum
Dr. phil. Klarissa Lueg, Flensburg
Sebastian Müller, Leipzig
Dr. phil. Anna Laura Raschke, Darmstadt
Katharina Scheidgen, M.A., Berlin
Dr. Sebastian Schief, Fribourg

Mirjam Sorge, Eisenach
Dr. Laura Trachte, München
Dr. Edgar Treischl, Nürnberg
Dipl.-Ing. Dipl.-Soz Nicole von Hausen, München

Verstorben

Dr. Lothar Hack, Berlin

Sektion Alter(n) und Gesellschaft

Tagung »Kulturgerontologie – Perspektiven auf das Alter(n)« am 24. und 25. Juni 2022 in Krems an der Donau

Die Frühjahrstagung der Sektion wurde in Kooperation mit der Österreichischen Gesellschaft für Geriatrie und Gerontologie und dem Kompetenzzentrum Gerontologie und Gesundheitsforschung der Karl Landsteiner Privatuniversität für Gesundheitswissenschaften in Krems durchgeführt. Anlass für die Wahl des Tagungsthemas war zum einen der seit einigen Jahren jetzt – mit zeitlicher Verzögerung – auch in der Gerontologie zu beobachtende *Cultural Turn* und die damit verbundenen Diskussionsstränge um Identität und Subjektivität, Körper(gestaltung) und Visualität sowie um ein gelingendes Alter und um das Anders Altern. Zum anderen gaben die in den letzten Jahren vermehrt in Erscheinung tretenden *Ageing Studies* Gelegenheit, sich näher mit den von ihnen explizierten thematischen Erweiterungen um Studien zur Bedeutung des Alters in Film, Literatur, Theater, Musik und Alltagsgestaltung zu befassen. Dabei wurde deutlich, a) dass die Kulturgerontologie heute für eine Vielfalt an Forschungssträngen steht, die das subjektive Erleben älterer Menschen sowie die De- beziehungsweise Rekonstruktion von Sinn- und Bedeutungszusammenhängen analysieren und b) wie die *Cultural Gerontologie* und die *Ageing Studies* dazu beigetragen haben, den Fokus in der Alternsforschung von der Strukturebene stärker auf die (individuelle) Deutungs- und Handlungsebene zu verlagern.

Der Tagung vorgeschaltet war ein von *Miranda Leontowitsch* (Frankfurt am Main) und *Anna Wanka* (Frankfurt am Main, München) moderierter Nachwuchsworkshop »Kulturgerontologie – Theoretische und Methodologische Fragen« am 23. Juni 2022, an dem Wissenschaftler:innen ihre PhD- und Postdoc-Projekte in zwei Werkstattgesprächen vorstellen konnten. An Hand von mitgebrachtem Material konnten methodologische sowie methodische Herausforderungen diskutiert und Lösungsansätze gefunden werden. Ziel des Workshops war zudem eine Vernetzung der Teilnehmer:innen untereinander und mit etablierten Wissenschaftler:innen innerhalb der Kulturgerontologie.

Die von knapp 50 Teilnehmenden besuchte Tagung am 24. und 25. Juni 2022 wurde mit den einleitenden Begrüßungen von *Franz Kolland* (Krems), *Klaus R. Schroeter* (Olten) und *Vera Gallistl* (Krems) eröffnet. Franz Kolland stellte zunächst das Kompetenzzentrum Gerontologie und Gesundheitsforschung der Karl Landsteiner Privatuniversität vor, Klaus R. Schroeter skizzierte für die zahlreich anwesenden Personen aus der Kulturgerontologie die Genese und Entwicklung der Sektion Alter(n) und Gesellschaft, bevor Vera Gallistl einen ersten Aufriss zur Kulturgerontologie gab.

Die Tagung umfasste insgesamt sechs Themenblöcke. Der erste Block zu den »Grundlagen und Theorien einer kulturellen Betrachtung des Alter(n)s« wurde von Klaus R. Schroeter eröffnet, der in seinem Beitrag »Kritische Gerontologie in Fokus der Kulturgerontologie – oder umgekehrt? Soziologische Einwürfe« die Frage aufwarf, inwieweit die Kulturgerontologie ein eigenes Feld sei und dafür plädierte, dieses Feld – auch im Rückgriff auf Max Webers Ausführungen zum ›Kulturmenschen‹ und auf die von Georg Simmel, aber auch von Max Horkheimer und Theodor W. Adorno elaborierten Widersprüche von Kultur und Ökonomie – im Kontext der Bourdieuschen Feldtheorie näher in Augenschein zu nehmen. *Ulla Kriebernegg* (Graz) rückte in ihrem Beitrag »Stories ›R‹ Us: Literaturgerontologische Perspektiven auf das Alter« die in den Aufführungen von Shakespeares *King Lear* vermittelten Bilder des fortgeschrittenen Alters ins Zentrum der Aufmerksamkeit und zeigte, wie sich die theatralischen Inszenierungen im Laufe der Zeit auch der kulturell und medial vermittelten Thematik der Demenz bedienten. In seinem Vortrag über »Die Vermessung des Alters – eine fragwürdige kulturelle Praxis« wies *Harald Künemund* (Vechta) darauf hin, dass das kalendarische Alter zwar ein geeignetes Maß für die sozialstrukturell sinnvollen Unterteilungen von Altersgrenzen (zum Beispiel für politisch bedeutsame Entscheidungen zur Regulierung von Rentenansprüchen), nicht aber für die Erfassung von Alterseffekten sei. Er plädierte dafür, »Alter« präziser zu messen und zum Beispiel in der Sozialberichterstattung künftig weniger schematisch auf das kalendarische Alter abzuheben, um der damit einhergehenden Stereotypisierung des »Alters« entgegenzuwirken.

Im zweiten Themenblock über »Kulturgerontologische Perspektiven auf Pflege & Demenz« widmete sich *Elena Loevskaya* (Berlin) in ihrem Vortrag über »Ambivalenzen der Autonomie in der Pflege und deren Vermittlung durch Dinge« der Frage nach dem Zusammenhang von (Pflege-)Dingen, Technik und Ethik aus einem kulturwissenschaftlichen Blickwinkel und legte den Fokus dabei insbesondere auf das Konzept der Autonomie und die damit zusammenhängenden Ambivalenzen. *Valerie Keller* (Zürich) thematisierte in ihrem Beitrag über »Selbstsorge von Menschen mit Demenz im Umgang mit Stigmatisierung und Exklusion« individuelle Strategien dementiell erkrankter Personen, um sich vor einer sozialen Exklusion zu schützen und um ihre soziale Anerkennung und Teilhabe sicherzustellen. *Kris Vera Hartmann* (Heidelberg) zeigte in ihrem Beitrag über »Passives Alter« anhand von Fallstudien, wie durch diskursive, materiell-technische und praxisbezogene Kontexte ein Bild des passiven und unselbständigen Alters erzeugt wird.

Der Themenblock zur »Kulturellen Teilhabe und Partizipation« wurde von *Ludwig Amrhein* (Dortmund) eröffnet, der in seinem Beitrag »Welche Musik hören wir, wenn wir alt sind?« anhand von ALLBUS-Daten und Lebensstilstudien zeigte, dass musik-ästhetische Vorlieben nicht nur zwischen Altersgruppen und Geburtskohorten differieren, sondern lebenslang wirksame Bildungsungleichheiten ausdrücken. *Laura Wehr* (München) berichtete über die Evaluation eines im Kontext von Einsamkeit, Altersarmut und Corona vor allem an einkommensschwache Personen gerichteten museumspädagogischen Projekts eines gemeinschaftlichen Museumsbesuches, an dem dann mehrheitlich ›kulturaffine‹ Besucher und Besucherinnen teilnahmen. *Silke Martin* (Erfurt) stellte in ihrem Beitrag über »FilmBildung und Alter(n)« ein Forschungs- und Bildungsprogramm vor, das die filmästhetische Erforschung des Alter(n)s mit filmästhetischer Bildungsarbeit mit älteren Menschen verknüpft.

Der zweite Tag begann mit einer Session zu »Materialitäten und Alter(n)«. *Julia Hahmann* (Vechta), *Miranda Leontowitsch* und *Maja Krebs* (beide Frankfurt am Main) gingen in ihrem Beitrag »Sehen und gesehen werden? Kleidung im Alltag als biographische Praxis der Sichtbar- und Unsichtbarmachung« der Frage nach, wie sich ältere Frauen im Umgang mit Kleidung als handlungsmächtige Akteurinnen begreifen und wie sie Fragen nach (Un)Sichtbarkeit und Attraktivität fortlaufend neu verhandeln. *Carolin Kollewe* (Magdeburg) betrachtete in ihrem Vortrag über »(In-)Aktivitäten des täglichen Lebens« assistive Technologien als Teilbestand sozio-materieller Praktiken und zeigte am Beispiel Bewegung messender Monitoringsysteme, welche Bedeutungen und Wirkungen diese für die Alltagsgestaltung älterer Menschen in ihren Wohnungen haben. *Barbara Ratzenböck* (Graz) wies in ihrem Beitrag »Frauen 60+ und Digitalisierung« darauf hin, wie die Nutzung von Informations- und Kommunikationstechnologien über 60-jähriger Frauen einer »doppelten Logik des Kümmerns« unterworfen ist: Entweder nutzen diese Frauen IKT, um sich um andere (etwa die Familie) zu kümmern oder sie sind so sehr damit beschäftigt, sich um andere zu kümmern, dass keine Zeit mehr für die Auseinandersetzung mit neuen IKT bleibt. *Hanna Köttl* (Krems) zeigte in ihrem Beitrag zu »COVID-19 und Techniknutzung« anhand einer Diskursanalyse, wie die COVID-Pandemie stereotype und dichotome Altersbilder verstärkt insofern zu haben scheint, als aktive IKT Nutzung mit einem jugendlichen, konsumorientierten und aktiven Lebensstil assoziiert wurde, wohingegen Nichtnutzung häufig als Versagen auf politischer oder individueller Ebene dargestellt wurde.

Der Themenblock zu »Praktiken und Alter(n)« wurde von *Miriam Haller* (Köln) eröffnet, die über »Generation trouble« vortrug und im Anschluss an die Konzepte des Un/Doing Age und der Generationenambivalenzen darüber berichtete, wie in intergenerationellen kulturellen Bildungsprojekten soziokulturelle Unterscheidungen performativ hergestellt oder eben auch nicht hergestellt werden. *Martina Koch* (Olten) setzte das Doing Age in den Kontext der Praktiken der Hausbesuche im Rahmen der erwachsenenschutzrechtlichen Abklärungen der Schweizer Kindes- und Erwachsenenschutzbehörden (KESB). *Mendina Scholte-Reh* (Dortmund) zeigte in ihrem Beitrag »Doing Grandma – mediale Inszenierung von #oma« die zum Teil ageistischen Konstruktionen von Enkel-Großeltern-Beziehungen auf den Social Media Plattformen. *Rebekka Rohner* (Krems) berichtete in ihrem Vortrag »Zukunft nicht in der eigenen Hand« über die in einer qualitativen Studie zur sozio-kulturellen Konstruktion der Hochaltrigkeit in Österreich gewonnenen Erkenntnisse zu den Handlungsspielräumen im Alltag hochaltriger Menschen.

Im letzten Themenblock zu »Körper und Alter(n)« warf *Ingrid Enge* (Graz) zunächst im Rekurs auf die phänomenologischen Ansätze von Fuchs und Waldenfels die Frage zur »Körperlichkeit oder Leiblichkeit?« auf. *Christine Matter* (Olten) und *Riccardo Pardini* (Bern) berichteten in ihrem Beitrag über erste Ergebnisse eines laufenden Projektes in der Schweiz über »Selbstsorge-Verhalten und körperliche Fragilität aus der Perspektive von Menschen im hohen Alter«. *Eva-Maria Trinkaus* (Graz) zeigte in ihrem Beitrag »Literary Foodscapes« anhand der Erfahrungen der in Österreich geborenen und in den USA lebenden Schriftstellerin und Literaturwissenschaftlerin Lore Segal, wie Nahrung und Ernährung dazu beitragen, Beziehungen herzustellen und diese zu erhalten, wie Heimat verhandelt wird, und Alter(n) über diese räumlichen Repräsentationen sichtbar wird. Daran anschließend skizzierte *Andreas Pfeuffer* (Olten) die Grundlagen und theoretischen Erschließungen eines projektierten Vorhabens zu den »Ernährungspraktiken hochaltriger Menschen in der Schweiz und Deutschland«.

Im letzten Beitrag dieser Tagung gab *Franz Kolland* (Krems) auf Basis von Paneldaten aus Österreich einen Überblick über die »Ungleichheiten in der kulturellen Beteiligung im Alter«, wobei er auf einige der Tagungsbeiträge Bezug nahm und sie in den Kontext der Thematik der sozialen Ungleichheit stellte. Den Schlusspunkt der Veranstaltung setzte *Ludwig Amrhein* (Dortmund) mit einer umfangreichen »Abschlussreflexion« zur Tagung, die dann auch noch eine lebhafte Diskussion zu den gewonnenen Einsichten und zu den offen gebliebenen Fragen dieser Veranstaltung ins Leben rief.

Klaus R. Schroeter

Sektionen Europasoziologie und Kultursoziologie

Tagung »Kulturelle Konflikte in und um Europa: Aktuelle Perspektiven der Kultur- und Europasoziologie«

Die gemeinsame Tagung der Sektionen Europasoziologie und Kultursoziologie, die von *Sebastian Büttner* (Erlangen), *Sören Carlson* (Flensburg), *Andreas Langenohl* (Gießen) und *Marie Rosenkranz* (Berlin) organisiert wurde, fand am 7. und 8. Juli 2022 an der Friedrich-Alexander-Universität Erlangen statt. Ziel der Tagung war es, aktuelle Arbeiten aus der Kultur- und Europasoziologie zusammenzubringen, die die kulturelle Dimension gegenwärtiger Konflikte und Konfliktkonstellationen in und um Europa beleuchten, und den sektionsübergreifenden Austausch anzuregen.

Ausgangspunkt der Tagung war die Beobachtung, dass in politischen Diskussionen die Stichworte »Kultur« und »Europa« häufig zusammen thematisiert werden (zum Beispiel mit Bezug auf kulturelle Gemeinsamkeiten, europäische Kultur, europäische Werte etc.), dass zugleich aber auch viele der derzeitigen Konflikte in Europa (beispielsweise um Grenzen, Identität, Migration und Zugehörigkeit) eine deutlich kulturelle Prägung aufweisen. Sogar »Europa« und die Europäische Union sind mittlerweile zum Gegenstand kultureller Konflikte geworden, in denen um unterschiedliche Positionierungen, Bedeutungszuschreibungen und soziale Schließungen gerungen wird.

An diese Ausgangsbeobachtung schlossen die verschiedenen Tagungsbeiträge auf vielfältige Weise an. So lenkten die ersten drei Vorträge den Blick auf zentrale konzeptionelle Fragen. Der Beitrag von *Anton Sterbling* (ehem. Rothenburg, O.L) zog mit Blick auf die teilweise unübersichtliche

Diskussion zu europäischen Werten eine konzeptuelle Unterscheidung zwischen Wertideen und Wertordnungen ein, wobei letztere sowohl die Relationen und wechselseitigen Artikulationen unterschiedlicher Wertbestände wie auch die Institutionen bezeichnen, in denen sich solche Relationen und Artikulationen kristallisieren. Exemplarisch ging der Beitrag auf ästhetische beziehungsweise künstlerische Werteordnungen in der europäischen Moderne ein. Sebastian Büttner arbeitete unterschiedliche, gegenwärtig zirkulierende Kulturkonzepte (essentialistisch vs. dynamisch/konstruktivistisch) heraus, die den derzeitigen politisch-weltanschaulichen Konflikten in und um Europa zugrunde liegen und auch in das Feld der Wissenschaft hineinragen. *Lena Friedrich* (Koblenz-Landau) zeigte am Beispiel der Begriffe »Klasse« und »Schicht« und deren jeweiliger Verwendung in Deutschland und Großbritannien, wie stark wissenschaftliche Denk- und Analysekategorien noch immer durch historisch entstandene, national strukturierte kulturelle Leitbilder geprägt sind.

Die nächsten Vorträge richteten den Blick auf unterschiedliche Modalitäten der kulturellen Konstruktion Europas. *Anna Schober* (Klagenfurt) thematisierte die besondere Rolle von Bildern und verdeutlichte am Beispiel des ikonischen Bildes vom Boot mit Flüchtenden, wie Bilder als diskursive Knotenpunkte wirken können, die zugleich Einschluss und Ausschluss ermöglichen und damit für unterschiedliche (politische) Deutungen offen sind. *Oliver Dimbath* (Koblenz-Landau) verortete in seinem Vortrag die Möglichkeiten eines »praktischen Europäismus« im Sinne einer impliziten, praxisbasierten/-orientierten Gedächtnisarbeit im Rahmen von Individualisierungsprozessen, die auch den gegenwärtigen Bemühungen gerecht werden, durch institutionelle Strukturen und die Einigung auf europäische Bezugspunkte des Gedächtnisses eine europäische Identität herzustellen. *Katja Gorbahn* (Aarhus) hob in diesem Zusammenhang die Rolle von Schulbüchern hervor, wies aber zugleich anhand eines Vergleichs dänischer und deutscher Schulbücher auf die Persistenz national geprägter Europakonstruktionen hin.

Hieran anschließend nahm eine Reihe von Vorträgen unterschiedliche Konfliktkonstellationen in den Blick. *Sophie Krossa* (Mainz) zeigte anhand ihrer Forschung zur Arbeit von Ehrenamtlichen in Deutschland mit syrischen und ukrainischen Geflüchteten, wie auf Seiten der Ehrenamtlichen »Europa« als eine Denk- und Wahrnehmungskategorie fungiert, über die Ähnlichkeit beziehungsweise Divergenz konstruiert wird, so dass es zu einer Unterscheidung und Wahrnehmung von Geflüchteten erster und zweiter Klasse kommt. *Susann Worschech* (Frankfurt/Oder) stellte dar, wie sich die

Bezugnahme auf Europa in der Ukraine, insbesondere in deren Kunst- und Kulturszene, seit den Maidan-Protesten 2013/14 verändert hat: Galt Europa zuvor vor allem als etwas, das mit der Modernisierung des eigenen Landes assoziiert wurde, so wird seitdem mittels des Europa-Bezugs eine Abgrenzung von Russland verbunden; zugleich kommt in dieser Bezugnahme, und exemplarisch im Kultursektor, eine stärkere Verschränkung von politischem System und Gesellschaft zum Tragen. *Jens Maeße* (Gießen) analysierte anhand einer Diskurs- und Feldanalyse die Positionierungen britischer Ökonomie-Expert*innen zu Europäischer Union und Brexit und argumentierte, dass es innerhalb dieser Profession zu institutionellen Auflösungserscheinungen, etwa Polarisierungen, komme, ohne dass sich bereits eine neue Ordnung abzeichne. *Helmut Fehr* (ehem. Budapest) arbeitete in seinem Vortrag zur Rhetorik der Neonationalisten und Neuen Rechten in Polen, Ungarn und Russland die historischen Anknüpfungspunkte und Kontinuitäten heraus, die in deren Vorstellungen über Staatsgrenzen und (territoriale) Räume aufscheinen. Er wies dabei darauf hin, dass der Neonationalismus angesichts seiner historischen Genealogie nicht als eine bloße Reaktion auf die neoliberale Transformation dieser Gesellschaften zu verstehen sei.

Während in diesen Vorträgen »Europa« vor allem als eine mehr oder weniger abstrakte Größe im Zusammenhang mit verschiedenen Identitätskonstruktionen aufschien, fokussierten die letzten drei Vorträge die Europäische Union. *Hannes Krämer* und *Dominik Gerst* (beide Duisburg-Essen) arbeiteten in ihrem Vortrag heraus, wie in Risikoanalysen der europäischen Grenzagentur Frontex nicht nur Risiken definiert, sondern zugleich auch Zukünfte (zum Beispiel mit Blick auf die EU-Außengrenze) imaginiert werden. Grenzen seien damit nicht nur eine territoriale Größe, sondern auch eine spezifisch kulturelle Form, durch die Zukunftsfragen bearbeitet werden. *Stefan Wallaschek* (Flensburg) stellte mittels einer Diskursanalyse deutscher Zeitungen dar, wie die EU in diesen Medien als Wertegemeinschaft konstruiert wird. Auffällig seien hier vor allem eine starke Abgrenzung nach außen und die gleichzeitige Darstellung der EU-Wertegemeinschaft als eine potenziell gefährdete Tatsache und als etwas, das alle Mitgliedstaaten teilen sollten. *Stefanie Börner* (Magdeburg) präsentierte schließlich in ihrem Vortrag ein institutionentheoretisches Modell, das es ermöglicht, Sozialpolitik als Quelle von Solidarität (und nicht bloß als deren Ergebnis) zu denken. Bezogen auf die europäische Ebene argumentierte sie dann allerdings, dass europäische Sozialpolitik bislang nur ein schwacher Normgeber sei und bislang kaum als positive Quelle und Bezugspunkt für transnationale Solidarität wirke.

Als Ergebnis der Tagung lassen sich vor allem drei Punkte hervorheben, die für die weitere Forschung an der Schnittstelle zwischen Europa- und Kultursoziologie interessant sein dürften. Ein wiederkehrendes Thema über die Vorträge hinweg war die anhaltende Relevanz historischer Entwicklungspfade und die Persistenz beziehungsweise Reproduktion national distinkter kultureller Muster. Zweitens wurde deutlich, wie sehr »Europa« mittlerweile in den unterschiedlichsten gesellschaftlichen Bereichen als Identitätskategorie dient und dabei sowohl vergemeinschaftende als auch ausgrenzende Wirkung entfaltet. Schließlich wies eine Reihe von Vorträgen auf das Fort- beziehungsweise Wiederaufleben essentialistischer Kulturverständnisse bei verschiedenen Akteursgruppen hin. Angesichts der weltanschaulichen Einbindung jeglicher Forschung stellt sich damit die grundlegende Frage, wie auf Seiten von uns Forschenden hiermit konzeptionell angemessen umzugehen ist.

Sören Carlson, Andreas Langenohl

In memoriam Elisabeth Lenk (22. Dezember 1937 – 16. Juni 2022)

Dass Denken an sich ein Politikum ist, hatte Elisabeth Lenk von Theodor W. Adorno gelernt, dessen engagierte Schülerin sie war. In der Einleitung zu ihrem Briefwechsel mit ihm schreibt sie, dass er für sie derjenige war, »der am konsequentesten die Aufarbeitung der Vergangenheit gefordert und fast als einziger tatkräftig in die Hand genommen hatte«. Auf dem Foto, das dem Briefwechsel vorangestellt ist, ist sie mir immer als die »wahre Ikone« der 68er erschienen, obwohl sie selbst sich gern als eine 62erin bezeichnet hat. Damals hatte der Jurist Reinhard Strecker die Ausstellung *Aktion ungesühnte Nazijustiz* organisiert, die auf erheblichen Widerstand der etablierten Parteien gestoßen war und zum Ausschluss des Sozialistischen Deutschen Studentenbundes aus der SPD geführt hatte. Als es im Oktober 1962 auf der legendären XVII. Delegiertenkonferenz zu einer Neugründung des SDS kam, hielt Elisabeth Lenk das Grundsatzreferat, in dem es um die Frage ging, wie sich kritisches Denken in gesellschaftsverändernde Praxis umsetzen lässt, ohne dem Populismus revolutionärer Parteien in die Falle zu gehen. Ihre Rede gefiel nicht allen; man warf ihr vor, den SDS auf Adorno-Linie bringen zu wollen.

Als Adorno den Briefwechsel sechs Wochen später eröffnete, war der SDS schon nicht mehr das Thema. Elisabeth Lenk, die gerade ihr Diplom in Soziologie mit einer Arbeit über »Neuromantische Züge im Werk Georg Simmels« erworben hatte, war im November mit der Absicht nach Paris gezogen, dort über wilde Streiks zu promovieren. Schon in Frankfurt hatte sie französische Deserteure betreut, und so nahm sie gleich zu Beginn ihres Paris-Aufenthalts an einer Solidaritätsveranstaltung für den bekannten Kritiker des Algerienkrieges und Kriegsdienstverweigerer Pierre Hessel teil. Bei dieser Gelegenheit lernte sie José Pierre kennen. Er überraschte sie mit der Bemerkung, dass er einer Gruppe angehört, für die die Politik auf einer anderen Ebene stattfindet. Erst in der darauffolgenden Nacht wurde ihr klar, dass sie einem Vertreter des Surrealismus begegnet war, über den Walter Benjamin Ende der 20er Jahre so enthusiastisch geschrieben hatte. Kurz darauf stellte José Pierre sie bei einem Essen André Breton vor, einem der Initiatoren der *Déclaration des 121 sur le droit à l'insoumission dans la guerre d'Algérie*, der sie zum Abschied ins Café *Promenades de Venus* einlud, in dem sich die Surrealisten allabendlich trafen. Seitdem war sie Mitglied der *Groupe surréaliste*, bis sie ein Jahr nach Bretons Tod wegen situationistischer Abweichungen ausgeschlossen wurde.

Dass Elisabeth Lenk sich im Paris der 60er Jahre immer mehr zur Literatursoziologie hin orientierte, hatte natürlich mit ihrem neuen Forschungsinteresse, dem Surrealismus, und mit der Änderung ihres Promotionsvorhabens zu tun. Sie studierte vor allem bei Lucien Goldmann und Robert Minder, hörte aber auch Strukturalisten und Poststrukturalisten wie Foucault, Derrida, Roland Barthes am Collège de France. Vor allem aber las sie die Werke der französischen Religionssoziologie und tat, was ihr Adorno beim Abschied aus Frankfurt »ans Herz gelegt« hatte: Sie las die Schriften Georges Batailles, an denen sie den »unbestechlichen Blick für die Verflechtungen von Ökonomie, Religion und politischer Macht« hervorhebt, wie ihn sonst nur Max Weber hatte. Doch Bataille hat einen anderen Ansatz. Schon in seiner frühen Kritik der bürgerlichen Ökonomie wirft er die Frage nach den Grenzen des Wachstums auf, und schließt daran die weitere nach den Grenzen einer geschichtlichen Bewegung an, die blindlings, mit wachsender Geschwindigkeit vorwärts hastet, letztlich nur, um diese ziellose Bewegung weiter zu unterhalten, ohne dass man noch von irgendeinem Fortschritt sprechen könnte.

Batailles Einfluss gerade als Soziologe verrät sich vor allem in Lenks umfassender Studie zur mimetischen Struktur im Traum und in der Literatur mit dem Titel »Die unbewußte Gesellschaft«, die sozusagen das Zentrum ihrer verschiedenen literatursoziologischen Einzelstudien bildet. Deren Thema ist die Vertreibung der Mimesis aus der rationalen Gesellschaft. Je länger nämlich der Rationalisierungs- oder Normalisierungsprozess dauert, so lautet eine der Thesen, die Bataille aufstellt, desto mehr heterogene Elemente werden aussortiert und entweder glattgeschliffen, das heißt homogenisiert, oder, sofern dies unmöglich ist, diskriminiert und ausgeschlossen. Lenk ist davon überzeugt, dass eine humane Gesellschaft, wenn je sie gelingen soll, sich vorab dieser Praxis zu entledigen hätte. Ihr geht es um nichts Geringeres, als zumindest einige der Phänomene, die sich der Homogenisierung entziehen, in ihrer Bedeutung wie in ihrer sozialen Bedingtheit zu analysieren und darzustellen. Methodisch bedeutet das den Versuch, die Geschichte des Denkens aus der Perspektive dessen zu betrachten, was von ihr ausgeschlossen wird, in der Absicht, das Andere, Heterogene, Nichtidentische zum Sprechen zu bringen, was immer auch eine soziale und ethische Bedeutung einschließt.

Als sie sich entschloss, über André Breton und den Surrealismus zu promovieren, verstand sie das auch als den Entwurf einer neuen Form von Literatursoziologie, die nicht nur den ästhetischen Phänomenen selbst Rechnung trägt, sondern direkt von ihnen abgezogen wäre. Das Charakteristische ihres Ansatzes ist, dass sie ausschließlich von Phänomenen ausgeht, die sowohl eine soziologische als auch eine ästhetische Seite besitzen, wie zum Beispiel Maske und Chor, wie die Gruppe, nicht nur als eine soziale Form verstanden, sondern auch als Quelle der Befreiung und der Inspiration, wie dies für die künstlerischen Avantgarden seit der Romantik gilt. Sie nennt das den »Gruppeneffekt«. Die Idee einer solchen Gruppe hatte für sie etwas Verführerisches; auf sie war ihr Denken lange Zeit konzentriert, bis sie sich eines Tages völlig unerwartet davon distanzierte und verkündete, dass nur das individuelle Denken zähle.

Zu den Phänomenen, an Hand derer sie ihren Begriff von Literatursoziologie entwickelt, gehört vor allem der Begriff des *Pariabewusstsein*, den Lenk in Analogie zum Klassenbewusstsein geprägt hat. Zwar gab es den Begriff des oder der Paria bereits; Max Weber hatte sich seiner an prominenter Stelle bedient, auch Hannah Arendt hat ihn in ihrem Buch über Rahel Varnhagen gebraucht und dem des Parvenu gegenübergestellt. Doch den Begriff des Pariabewusstseins gab es nicht, bevor Lenk ihn im Titel ihres Essays »Pariabewusstsein und Gesellschaftskritik bei einigen Schriftstellerinnen seit der Romantik« einführte. Sie leitet ihn dort aus einem Aufruf der Frühsozialistin Flora Tristan, der wenig bekannten, aber im Grunde viel bedeutenderen Großmutter von Paul Gauguin ab, mit dem Titel »L'Émancipation de la femme ou le testament de la paria«. In diesem Text zitiert Lenk Georg Simmel, der »nicht ohne Malice« behauptet hat, dass nur derjenige die Vergesellschaftungsprozesse adäquat beschreiben kann, der dazugehört, weil nur er in der Lage ist, die gesellschaftlich notwendigen Idealisierungen zu produzieren«. Lenk ist sensibel für die Ironie, die in Simmels Aussage enthalten ist, und kehrt, dieser Ironie eingedenk, seine These kurzerhand um: Nicht wer dazu gehört, kann die Wahrheit einer Gesellschaft und ihrer kulturellen Phänomene ganz erkennen, vielmehr bedarf es, »um adäquat über Gesellschaftliches zu reflektieren, […] eines Punktes außerhalb.«

Am Ende ging es Elisabeth Lenk wohl vor allem um ein ästhetisches Verhalten, das in der Form, in der sie es auffasst, Konsequenzen in der Sphäre der praktischen Vernunft gezeitigt hätte. Sie suchte und schuf Paradigmen einer neuen Ethik, die sich sowohl ästhetisch als auch soziologisch begründen ließen. Ihr Augenmerk galt jenen Differenzkategorien, wie sie schon in den *Minima moralia* von zentraler Bedeutung sind. In ihrem Essay »Adorno gegen seine Liebhaber verteidigt« schreibt sie:

»Adorno war wesentlich Schriftsteller. Schreibend hat er dasjenige zu bewahren gesucht, was im Begriff stand, aus der Wirklichkeit zu verschwinden. Unter dem Druck einer doppelten Opposition: gegen den deutschen Faschismus, aber auch gegen eine bestimmte Mentalität der künftigen Sieger, derer, die ihm Zuflucht gewährt hatten, arbeitete er trotzig diejenigen Elemente heraus, die sich dem Schema der furchtbaren Vereinheitlichung und Vereinfachung nicht fügten.«

Was Elisabeth Lenk hier über Adorno sagt, trifft sicher ein wichtiges Moment bei ihm, gilt vielleicht aber noch viel mehr für sie selber. Beiden geht es um Unwägbarkeiten wie Takt, Höflichkeit, Großzügigkeit; aber auch Rücksicht oder Ungeduld und Zögern, allesamt Verhaltensweisen, die sich mindestens auf einen anderen beziehen, also Gesellschaftlichkeit je schon voraussetzen. Sie bezeichnen ein Verhalten hin zu oder weg von den anderen und werfen gleichzeitig die Frage nach der sozialen Form auf.

Ganz überraschend kam diese Wende hin zu einer »Ethik des Ästhetischen« – so der Titel eines ihrer späteren Essays – nicht. Es finden sich Hinweise schon in ihrem ersten großen Essay über Fourier, dem sie ein Motto von Breton vorangestellt hat, das die Richtung hin auf eine humanere Gesellschaft klar benennt. Damals ging es ihr darum, eine Korrektur an der Soziologie vorzunehmen, die Soziologie für das zu öffnen, was sie bislang nach guter alter philosophischer Tradition als soziologisch indifferent gesetzt und aus ihrem Beobachtungsfeld ausgeschlossen hat. Gegen diese Praxis, die nicht nur eine wissenschaftliche, sondern immer auch eine soziale ist, hat Elisabeth Lenk praktisch in allen ihren Texten argumentiert und darauf insistiert, die ausgeschlossenen, entwerteten Elemente in ihrer soziologischen Bedeutung zu reflektieren.

Wie Adorno am Glücksanspruch des aufgeklärten Denkens festhält, so auch Lenk, die später die Frage des sozialen Glücks um die Frage Georges Batailles ergänzt, ob und – wenn ja – wie der vollständige Mensch gesellschaftlich möglich ist. Es geht darum, das Soziale auf eine Gesellschaft hin zu entwerfen, die den Menschen nicht mehr einseitig durch seine Vernunft, sein zweckrationales Handeln, seine verwertbare Intelligenz definiert, sondern die auch das andere – sein Inneres, Subjektives – einbezieht, das heißt alles das, was die modernen Gesellschaften als Fremdes behandeln, dem man misstraut, von dem man ein Visum verlangt, das man gegebenenfalls erkennungsdienstlich behandelt und mit einem Diskurs eingrenzt. Erst wenn die Gesellschaft diese Praxis revidierte, könnte sie die Bedingungen schaffen, die das Glücksversprechen der Aufklärung einlösen.

Rita Bischof

Habilitationen

Dr. Estela Schindel hat sich am 2. Februar 2022 an der Europa-Universität Viadrina habilitiert. Die Habilitationsschrift trägt den Titel »Life at the Thresholds. Entanglements of Nature, Technology, and Violence at the EU Borders«. Die venia legendi lautet Soziologie.

Dr. Daniel Bultmann hat sich am 11. Mai 2022 an der Universität Siegen habilitiert. Die Habilitationsschrift trägt den Titel »Soziale Felder, bewaffnete Konflikte und gesellschaftlicher Wandel im globalen Süden«. Die venia legendi lautet Soziologie.

Call for Papers*

Klassenkörper. Zur Körpergeschichte sozialer Ungleichheit, 1770er bis 1870er Jahre

Tagung am 25. und 26. Mai 2023 in Berlin

Die Tagung widmet sich der historischen Herstellung von armen, sozial benachteiligten, verworfenen Körpern und den Verschränkungen von Klasse mit anderen Differenzkategorien, unter anderem mit *race*, *gender* und *dis/ability*. Sie konzentriert sich dabei auf einen Zeitraum, in der nicht nur die »soziale Frage« zu einer zentralen Frage moderner Gesellschaften erklärt wurde, sondern der auch als körpergeschichtliche Sattelzeit gilt: die Zeit zwischen dem späten 18. und späten 19. Jahrhundert.

Seit den 1990er Jahren entwickelte sich die Körpergeschichte als fruchtbares Forschungsgebiet, das der Herstellung und Bedeutung von Körpern und körperbezogenen Selbstverhältnissen in den Gesellschaften vor allem des 19. und 20. Jahrhunderts nachgeht. Körper sind in diesem Zusammenhang als historisch variable, von vielfältigen Machtverhältnissen durchdrungene Objekte und Modi des Regierens sichtbar geworden, die sich gerade deshalb auch in besonderem Maße als Linse auf historische Ordnungen eignen.

Gerade in der letzten Dekade standen in körpergeschichtlichen Studien aus dem europäischen und anglo-amerikanischen Raum Geschlecht, *race* und jüngst auch *dis/ability* im Vordergrund. Um Klasse dagegen – als Kategorie, die auf soziale Ungleichheit verweist – ging es seltener, jenseits einer kursorischen Nennung in der intersektionalen Trias von *race, class, gender*. Neben Studien zu Arbeiterkörpern in der Industriegesellschaft gibt es wenige Arbeiten, die sich dezidiert der Körpergeschichte von Armut und Prekariat und

* *Anm. der Redaktion:* Bitte prüfen Sie, ob sich Veranstaltungstermine oder Deadlines aufgrund der Corona bedingten Regelungen geändert haben.

mithin auch denjenigen Körpern nähern, die in den produktivistischen Zugriffen des Industriekapitalismus nicht im Vordergrund standen. Dies gilt umso mehr für die Zeit vor dem ausgehenden 19. Jahrhundert. Während das 19. Jahrhundert als Zeitraum gilt, in dem sich Körper und Körpervorstellungen profund transformierten, haben sich körperhistorische Arbeiten bisher vor allem auf den Zeitraum um die und nach der Wende zum 20. Jahrhundert konzentriert.

Die Tagung hat zum Ziel, dieses doppelte Desiderat zu adressieren. Zum einen widmet sie sich der historischen Herstellung von armen, sozial benachteiligten, verworfenen Körpern. Der Verweis auf die »Klassenkörper« ist hier mithin nicht in erster Linie im foucaultschen Sinne der Produktion bürgerlicher Körper zu verstehen, sondern als Verweis auf Klasse als Differenzkategorie, mit der sich vielfältige Verhältnisse sozialer Ungleichheit fassen und körperhistorisch untersuchen lassen. Dabei soll es bei allem Fokus auf die Kategorie class immer auch darum gehen, wie sie auf komplexe Weise mit anderen Differenzkategorien, unter anderem mit *race*, *gender* und *dis/ability* verschränkt ist. Zum anderen konzentriert sich die Tagung auf einen Zeitraum, in der nicht nur die »soziale Frage« zu einer zentralen Frage moderner Gesellschaften erklärt wurde, sondern der auch als körpergeschichtliche Sattelzeit gilt. Damit soll sie auch der häufig postulierten, aber seltener quellenorientiert untersuchten These des nachhaltigen Wandels von Körpern und Körpervorstellungen im Übergang zur Moderne nachgehen.

Mittel für Unterkunft und Reisekosten sind vorhanden. Eine Publikation der Tagungsbeiträge in der Reihe »Europa transnational« bei Hagen University Press ist geplant.

Wir laden Beiträge ein, die mit der Linse auf soziale Ungleichheit den Transformationen von (Vorstellungen von) Körpern zwischen dem späten 18. und späten 19. Jahrhundert nachspüren. Bitte senden Sie Ihren Beitragsvorschlag (max. 350 Wörter) und einen kurzen CV bis zum **31. Oktober 2022** an

Nina Mackert
E-Mail: nina.mackert@uni-leipzig.de.

»Frieden schließen«: Multidisziplinäre Ansätze zu Friedens- und Versöhnungsprozessen

Deutsch-Französische Studientage am 16. und 17. März 2023 in Mulhouse, Frankreich.

Wie zeigte sich im Laufe der Geschichte und von einer Gesellschaft zur anderen die Kunst des »Friedenschließens«? Gibt es einen spezifischen deutsch-französischen Beitrag hierzu und, wenn ja, worin besteht dieser? Diesen und anderen Fragen um das Thema Frieden widmen sich die 3. Deutsch-Französischen Studientage der Maisons des Sciences de l'Homme der Region Grand Est.

Wie zeigte sich im Laufe der Geschichte und von einer Gesellschaft zur anderen die Kunst des »Friedenschließens«? Welche Veränderungen betreffen die politischen, sozialen und rechtlichen Praktiken, die die Befriedung der Beziehungen zwischen zwei Gesellschaften herbeiführen oder markieren? Wie sieht die Geschichte der sozialen Formen des »Friedenschließens« und der Versöhnung aus? Gibt es einen spezifischen deutsch-französischen Beitrag zur Kunst des Friedensstiftens und, wenn ja, worin besteht dieser?

Die Veranstaltung geht von der Feststellung aus, dass sich die deutsch-französischen Beziehungen nach dem Zweiten Weltkrieg als Laboratorien der Versöhnung zwischen zwei Ländern im Krieg darstellen lassen. Sie will die deutsch-französischen Beziehungen in einen breiteren historischen und geographischen Kontext stellen und durch einen konstruierten Dialog mit anderen Zeiträumen und geographischen Gebieten den Charakter eines ›Modells‹ hinterfragen, der der deutsch-französischen Versöhnung zugeschrieben wird.

Die Frage nach dem Frieden im Jahr 2023 zu stellen, ist in vielerlei Hinsicht berechtigt. Selbstverständlich ist sie in einer Zeit zahlreicher und brutaler militärischer Konflikte, sowohl in Europa als auch weltweit, besonders akut. Im deutsch-französischen Kontext ist 2023 auch ein Doppeljubiläum: 60 Jahre Élysée-Vertrag, ein Meilenstein der deutsch-französischen Versöhnung, und 375. Jahrestag der Unterzeichnung des Westfälischen Friedens, der auf dem ersten multilateralen Kongress in der Geschichte geschlossen wurde und einen deutsch-französischen Frieden besiegelte, der wiederum als Referenz für alle Verträge zwischen dem Königreich und dem Alten Reich vor 1789 diente. Trotz der Heftigkeit ihrer Konfrontationen konnten die deutsch-französischen Beziehungen den Weg für eine Tradition der Konfliktlösung und eine Art Kunst des Friedensschlusses ebnen, die durch diese beiden Verträge veranschaulicht wird. Auf internationaler Ebene wird die deutsch-französische Aussöhnung nach dem Zweiten Weltkrieg oft als beispielhaft angesehen. Das Ende des Zweiten Weltkriegs hat auch bekanntlich eine Reihe von politischen und rechtlichen Instrumenten für die Beendigung des Krieges (neu) erfunden oder geschmiedet (vom internationalen Militärgerichtshof der Nürnberger Prozesse bis zu den Vereinten Nationen), so wie lange davor der Westfälische Frieden Instrumente für die Konfliktbeilegung geschaffen hatte, die auf der Wiederherstellung der Freundschaft, der Amnestie und der Wiederbelebung der Wirtschaft beruhten und ein Modell für multilaterale Verhandlungen entwarfen, das die großen Kongresse der folgenden Jahrhunderte inspiriert hat.

Diese Tagung setzt darauf, dass ein fruchtbarer Dialog zwischen Spezialisten verschiedener Disziplinen und aus unterschiedlichen geografischen Gebieten entstehen kann, der sich um die Frage der Kunst und Techniken des Friedens dreht: was die Fähigkeit zum Friedensschluss ausmacht; die Bedingungen für den Erfolg der Versöhnung; die Arten, Frieden herzustellen und die Formen der Befriedung und Versöhnung von Gesellschaften. Oder anders ausgedrückt: Wie wird in der Geschichte Frieden gemacht? Welche Instrumente werden eingesetzt, um militärische Konflikte zu beenden oder Frieden auf Dauer herzustellen? Inwiefern haben die Kriege, in die Frankreich und Deutschland verwickelt waren, dazu beigetragen, Wege aus dem Krieg und zur Versöhnung zu (er)finden? Welche Institutionen – national oder international – sind in der Lage, Gesellschaften nach einem Krieg zu befrieden? Kann man eine Geschichte des Friedens schreiben, wie man eine Geschichte der Kriege schreiben kann und konnte?

Die geplante Tagung zum Thema »Frieden schließen« strebt an, zu einer allgemeinen Reflexion über die Geschichte des Friedens und der Verträge in einer perioden- und disziplinübergreifenden Perspektive beizutragen. Eine solche Öffnung würde es ermöglichen, die deutsch-französische Geschichte des Friedens, die manchmal als eine isolierte Besonderheit gedacht wird, wieder in einen breiteren Kontext einzubetten. Dieser Dialog, den wir uns erhoffen, wird zu einer nuancierten Einschätzung ihres Wertes als einem Beispiel seiner (oft mehr behaupteten als bewiesenen) besonderen Rolle und seiner Grenzen führen. Über diesen Beitrag hinaus sollen sich aus dem Dialog neue Wege ergeben, den Frieden in seiner Geschichtlichkeit zu denken. Zu diesem Zweck werden Friedensprozesse nicht nur als politische und rechtliche, sondern auch als soziale und kulturelle Herausforderungen interpretiert, die auf der Beteiligung zahlreicher Akteursgruppen auf sehr unterschiedlichen Ebenen beruhen. Um diesem Vorhaben gerecht zu werden, ist das Programm in zwei Schwerpunkte unterteilt.

Schwerpunkt 1 wendet sich den Prozessen der Befriedung und des Vertragsabschlusses zu und nimmt dabei eine diachrone Perspektive ein. Beiträge zu den konzeptuellen, philosophischen und rechtlichen Grundlagen des Friedens und den Praktiken seines Abschlusses sind ebenso willkommen wie kulturelle Ansätze zu Friedensprozessen, Studien zu institutionellen Akteuren und sozialen Gruppen, die an Friedensaufbau- und Versöhnungsprozessen beteiligt waren, sowie zu ihrer Rolle in Kunst und Literatur, unabhängig davon, ob sie die deutsch-französischen Beziehungen betreffen oder nicht.

Schwerpunkt 2 konzentriert sich auf die Bilanz der Friedensprozesse nach den deutsch-französischen Kriegen, mit besonderem Interesse an der deutsch-französischen Aussöhnung nach dem Zweiten Weltkrieg, sowie auf die Herausforderungen, denen sich beide Länder gegenübersehen, und zwar aus einer politischen, sozialen, kulturellen und wirtschaftlichen Perspektive gleichermaßen. Beiträge, die aktuelle Probleme ansprechen, sind willkommen.

Die Tagung richtet sich an alle Disziplinen der Geistes- und Sozialwissenschaften, von Politikwissenschaft und Geschichte über Soziologie und Philosophie bis hin zu Sprach- und Literaturwissenschaften, Rechtswissenschaften und Kommunikationswissenschaften.

Das Kolloquium wird von den Universitäten Haute-Alsace, Straßburg und Lothringen im Rahmen der Partnerschaft der Maisons des Sciences de l'Homme aus Elsass und Lothringen organisiert und vom Centre interdisciplinaire d'études et de recherches sur l'Allemagne (CIERA) unterstützt. Das Organisationskomitee besteht aus Régine Battiston, Guido Braun, Nicolas Brucker, Aude-Marie Certin, Karim Fertikh, Sonia Goldblum, Reiner Marcowitz und Sylvain Perrot. Reise- und Unterbringungskosten werden übernommen.

Vorschläge für Beiträge nicht nur von etablierten Forscherinnen, sondern auch von Doktorandinnen und Postdocs sind ausdrücklich erwünscht. Arbeitssprachen der Tagung sind Französisch und Deutsch. Eine zumindest passive Kenntnis beider Sprachen ist wünschenswert.

Bitte senden Sie Ihren Vorschlag im Umfang von etwa 2.000 Zeichen, auf Französisch oder Deutsch verfasst, bis spätestens **15. November 2022** an jfa-msh.2023@uha.fr. Die Ergebnisse der Auswahl der Bewerbungen werden bis zum 23. Dezember 2022 bekannt gegeben.

Tagungen

My City is a Battleground: Intersectionality and Urban Violence

4th International Conference of the Collaborative Research Center 1265 »Re-Figuration of Spaces« International Conference 2022, 20th to 22nd October, TU Berlin

The Collaborative Research Center (CRC 1265) has a particular interest in how spatial and social conflicts interplay and how these conflicts connect with the intersectional tensions that accompany processes of urban spatial refiguration. Taking its inspiration from decades of research on social inequality, class struggles, migration, violence as well as from intersectional feminist work, the CRC's fourth international conference will turn its attention to how conflicts manifest intersectionally in and through urban space. It will further ask when, how and why conflicts in cities turn violent, what forms of violence they may take and when, how and why they may not turn violent.

According to Norbert Elias, unequal power balances between different social groups influence processes of refiguration as well as the way conflicts manifest (non)violently. Over the last three decades, research on social inequality has increasingly stressed that diverse dimensions of inequality (such as class, race and gender) intersect and that the precise manner in which they intersect, and whether one dimension becomes dominant, is an empirical rather than a theoretical question. Further, intersectionality has long become a centerpiece of feminist scholarly engagement and numerous policy texts. The concept, grounded in feminist theorizing by Crenshaw (1989) and Yuval-Davis among many others, has been used to indicate how social divisions are »irreducible to one another« (Yuval-Davis, 2015: 94).

This conference seeks to mobilize approaches to social inequality and intersectionality for the analysis of urban spatial conflicts. It recognizes that urban violence works in relation to complex subjectivities and that spatial environments play a pivotal role in shaping how dimensions of social inequality intertwine. While translocational positionality »recognises the importance of the context, the situated nature of claims and attributions and their production in complex and shifting locales and the contradictory processes in play« (Anthias 2002: 107), space can often remain a secondary consideration in some intersectional analyses. Thus, the conference will work to spatialise these intersections, as well as addressing the lacuna regarding theories of social conflict as seldom spatial in nature. This line of inquiry then draws attention to the fundamental centrality of space and corporeality to social processes and societal membership (see Holston and Appadurai 1999).

Intersections of social inequality and violence in urban space are not ephemeral phenomena, but situated and unfolding across particular urban spaces. Intersectional analyses span different registers of precarity or vulnerability, flagging up specific conflictual constellations that range from exclusion from or tenuous claims on the right to city spaces to experiences of physical violence. Here violence could assume the form of grievous corporeal harm as well as perhaps subtler, yet also insidious forms of damage that include symbolic or material violence resulting in social exclusion. This focus will allow us to unpick violence's different temporal scales and levels of visibility. Mapping the micro-processes resulting from and in specific power balances can moreover work to highlight the instability and flux of these intersections. Therefore, the conference will explore how cities or urban spaces themselves can enact violence against bodies carrying overlapping marks of the social world, whereby class, race, gender, sexuality, citizenship, age or disability – amongst others – intersect to produce different outcomes and power balances.

The CRC 1265's international conference »My City is a Battleground: Intersectionality and Urban Violence« intends to contribute to the current conversation by training a spotlight on the link between lived urban materialities and embodied social inequalities and their intersectionality. We will bring together approaches to social inequality and foreground their links to spatial analyses of various conflict constellations in order to explore the way the materiality of the city in its physical structures and spatial forms comes to enact intersectional inequalities and violence. Some questions this conference will pose include:

- How does urban materiality affect power balances, social inequalities, their intersections and social exclusions? How and on what level do these social positions become ingrained, or even naturalized, in the city and its physical structures? Inside the home or at work? In public space/on the streets? In specific neighborhoods or the whole city?
- Can the city itself be regarded as a (violent) physical and material force intended to damage, hurt or kill?
- When do spatial conflicts become violent and how does this turning point relate to power balances between different social groups?
- How might intersectional positions be rearranged or upended through conflictual encounters in urban space?
- How do the material, the discursive and the emotive intersect in instances of urban spatial conflict?
- What are the normative frameworks and systems of governance that create and sustain violence in the city? And conversely, how and when are urban conflicts suppressed or rendered invisible?

We thereby hope to gain a deeper understanding of (urban) social conflicts, notions of spatial injustice as well as different forms of violence in the city, including those produced by capitalism and heteronormativity, or classed, gendered and racialized exclusion, to name a few dimensions. Furthermore, the conference will examine the role of urban planning in reproducing or confronting conflictual dynamics and its potential to democratize access to space. Lastly, we intend to address activist engagements and social movements dealing with urban spatial conflicts. This will open possibilities to build transdisciplinary alliances to address the multiple vulnerabilities produced by intersectional violence.

Confirmed keynote speakers include Heidi Mirza, Carla Shedd, Nikki Jones, Shilpa Phadke, Edlyne Anugwom, Pierrette Hondagneu-Sotelo and Thomas Hoebel. The conference is organised by Martina Löw and Lucie Bernroider. For more information please visit the conference homepage https://sfb1265.de/en/events/international-conference or contact

Lucie Bernroider
E-Mail: lucie.bernroider@tu-berlin.de

Prof. Dr. Dirk Baecker, Zeppelin Universität gGmbH, Am Seemoser Horn 20, D-88045 Friedrichshafen, E-Mail: dirk.baecker@zu.de

Dr. habil. Rita Bischof, Berlin

Prof. Dr. Manuela Boatcă, Albert-Ludwigs-Universität Freiburg, Institut für Soziologie, Rempartstraße 15, D-79085 Freiburg im Breisgau, E-Mail: manuela.boatca@soziologie.uni-freiburg.de

Dr. Sören Carlson, Europa-Universität Flensburg, Seminar für Soziologie, Auf dem Campus 1, D-24943 Flensburg, E-Mail: soeren.carlson@uni-flensburg.de

Prof. Dr. Stefan »Björn« Hirschauer, Johannes Gutenberg-Universität Mainz, Institut für Soziologie, Jakob-Welder-Weg 12, D-55128 Mainz, E-Mail: hirschau@uni-mainz.de

Dr. Björn »Stefan« Krey, Johannes Gutenberg-Universität Mainz, Institut für Soziologie, Jakob-Welder-Weg 12, D-55128 Mainz, E-Mail: kreyb@uni-mainz.de

Prof. Dr. Andreas Langenohl, Justus-Liebig-Universität Gießen, Institut für Soziologie, Karl-Glöckner-Straße 21E, D-35394 Gießen, E-Mail: Andreas.Langenohl@sowi.uni-giessen.de

Dr. Matthias Leanza, Universität Basel, Seminar für Soziologie, Petersgraben 27, CH-4051 Basel, E-Mail: matthias.leanza@unibas.ch

Dr. Marius Meinhof, Universität Bielefeld, Fakultät für Soziologie, Universitätsstraße 25, D-33615 Bielefeld, E-Mail: marius.meinhof@uni-bielefeld.de

Prof. Dr. Armin Nassehi, Ludwig-Maximilians-Universität München, Institut für Soziologie, Konradstraße 6, D-80801 München, E-Mail: armin@nassehi.de

Marc Ortmann, M.A., Centre Georg Simmel (EHESS-Paris), 54 Bd Raspail, F-75006 Paris, E-Mail: marc.ortmann@soziologie.uni-muenchen.de

Prof. Dr. Axel T. Paul, Universität Basel, Seminar für Soziologie, Petersgraben 27, CH-4051 Basel, E-Mail: axel.paul@unibas.ch

Prof. Dr. habil. Klaus R. Schroeter, Hochschule für Soziale Arbeit FHNW, Institut Integration und Partizipation, Riggenbachstraße 16, CH-4600 Olten, E-Mail: klaus.schroeter@fhnw.ch

Dr. Jochen Zenthöfer, Luxemburg

Matthias Leanza, Axel T. Paul
Wie der Kolonialismus sich (nicht) denken lässt

Dieser Beitrag plädiert dafür, die soziologische Kolonialismusdebatte zu öffnen. Er zeigt, dass es einen systematischen Raum für eine soziologische Auseinandersetzung mit diesem Thema gibt, die reflexiv und kritisch verfährt, nicht aber deswegen schon auf post- und dekoloniale Theorien verpflichtet ist. Vielmehr gilt es, sich des gesamten im Fach verfügbaren Repertoires theoretischer, methodologischer und methodischer Zugänge zu bedienen. In Reaktion auf frühere Beiträge in dieser Zeitschrift werden drei Erkenntnishindernisse thematisiert, die einer solchen Öffnung im Wege stehen. Diese betreffen das Verhältnis von Fremdheit und Herrschaft, den Status der komparativen Methode und die Forderung nach paradigmatischer Schließung. Die angestrebte Öffnung geht über die Etablierung einer Speziellen Soziologie kolonialer Herrschaft hinaus, weil sie Grundfragen der Gesellschaftstheorie und des disziplinären Selbstverständnisses berührt; sie beinhaltet die Auseinandersetzung mit post- und dekolonialen Theorien, bleibt aber nicht auf diese beschränkt.

This paper argues for a broadening of the sociological debate on colonialism. It shows that a systematic space for a sociological study of this topic exists that is reflexive and critical without necessarily being committed to post- and decolonial theories. Instead, we argue to make use of the entire repertoire of theoretical and methodological approaches available in the discipline. In response to earlier contributions in this journal, we address three epistemological obstacles that stand in the way of such an expansion. These pertain to the relationship between »alienness« (Fremdheit) and domination, the status of the comparative method, and the call for paradigmatic closure. The expansion of the sociological debate on colonialism we have in mind goes beyond the establishment of a special sociology of colonial domination because it touches on fundamental questions of social theory and the way we conceive of our discipline. In this way, we hope to initiate a broad scholarly discourse on this topic that, while it includes post- and decolonial theories, is not limited to them.

Symposion
Plagiate

Armin Nassehi, Jochen Zenthöfer, Björn Hirschauer und Stefan Krey sowie Dirk Baecker setzen sich aus soziologischer, journalistischer und philosophischer Perspektive mit dem Plagiat auseinander. Die Autoren thematisieren neben verschiedenen Ebenen, auf denen Plagiate festgestellt und sanktioniert werden können, auch die Grauzonen zwischen der intentionalen Vortäuschung einer Autorenschaft, der Nachahmung und dem nachlässigen Zitieren. Sie diskutieren die Implikationen des *Thought*

Sharing ebenso wie den mit dem Plagiieren verbundenen Verzicht auf individuelles wissenschaftliches Denken und die Entwicklung eines eigenen logischen Ichs.

Armin Nassehi, Jochen Zenthöfer, Björn Hirschauer and Stefan Krey as well as Dirk Baecker deal with plagiarism from sociological, journalistic and philosophical perspectives. The authors address various levels at which plagiarism can be detected and sanctioned, and also the grey areas between intentional pretence of authorship, imitation and careless citation. They discuss the implications of thought sharing and raise the problem of the abandonment of individual scientific thinking and the development of one's own *logisches Ich,* both associated with plagiarism.

Marc Ortmann
Literatureffekte

These des vorliegenden Beitrags ist eine Zunahme von soziologischen Texten, die literarische Darstellungen nutzen und in dieser Weise der »Entliterarisierung« trotzen. Um diese Verbindung von Literatur und Soziologie und literarischem und soziologischem Schreiben einzuordnen, wird das Konzept der Literatureffekte vorgestellt. Literatureffekte sind die (un-)bewusste Übernahme literarischer Darstellungen des Sozialen in soziologische Texte. Literatureffekte können sich über Montagen aus literarischen Texten in soziologische einschreiben, sie können aber auch als hybride oder liminale Texte Mischformen von literarisch-soziologischem oder soziologisch-literarischem Schreiben hervorbringen. Die unterschiedlichen Möglichkeiten an Literatureffekten werden an historischen wie aktuellen Beispielen nachvollzogen. Der Beitrag endet mit der Diskussion, inwiefern von einer Literarisierung soziologischer Texte gesprochen werden kann.

The thesis of this paper is the increase of sociological texts that make use of literary representations and in this way resist »de-literarization«. In order to classify this connection between literature and sociology, or literary and sociological writing, the concept of literature effects is introduced. Literature effects are the (un)conscious adoption of literary representations of society in sociological texts. Literature effects can inscribe themselves into sociological texts via montages from literary texts, but they can also produce hybrid forms of literary-sociological or sociological-literary writing as hybrid or liminal texts. The various possibilities of literary effects are traced using historical and contemporary examples. The article concludes with a discussion of the extent to which one can speak of a literarization of sociological texts.

Jahresinhaltsverzeichnis 2022

Soziologie in der Öffentlichkeit

Identität und Interdisziplinarität

Forschen, Lehren, Lernen

DGS-Nachrichten

Berichte aus den Sektionen und Arbeitsgruppen

Nachrichten aus der Soziologie

Autorinnen- und Autorenverzeichnis

Bitte berücksichtigen Sie folgende Hinweise zur Textgestaltung:

Verwenden Sie *Fußnoten* nur für inhaltliche Kommentare, nicht für bibliographische Angaben. Geben Sie *Literaturhinweise im Text* durch Nennung des Autorennamens, des Erscheinungsjahres und ggf. der Seitenzahl in Klammern. Zum Beispiel (König 1962: 17).

Bei *bis zu drei Autor:innen* geben Sie alle Namen an und trennen durch Kommata; bei *mehr als drei Autor:innen* ergänzen Sie den ersten Namen um »et al.«. Kennzeichnen Sie *mehrere Titel pro Autor:in* und Erscheinungsjahr durch Hinzufügung von a, b, c … (König 1962a, 1962b).

Mehrere, aufeinander folgende Literaturhinweise werden durch Semikolon getrennt (König 1962: 64; Berger, Luckmann 1974: 137)

In der *Literaturliste am Schluss des Manuskriptes* führen Sie alle zitierten Titel alphabetisch nach Autorennamen und je Autor:in nach Erscheinungsjahr (aufsteigend) geordnet auf, bei mehreren Autor:innen alle namentlich durch Schrägstrich getrennt nennen. Geben Sie Verlagsort und Verlag an.

Bücher: Luhmann, Niklas 1984: Soziale Systeme. Grundriss einer allgemeinen Theorie. Frankfurt am Main: Suhrkamp.

Zeitschriftenbeiträge: Müller-Benedict, Volker 2003: Modellierung in der Soziologie – heutige Fragestellungen und Perspektiven. SOZIOLOGIE, 32. Jg., Heft 1, 21–36.

Beiträge aus Sammelbänden: Lutz, Helma 2003: Leben in der Twilightzone. In Jutta Allmendinger (Hg.), Entstaatlichung und soziale Sicherheit. Opladen: Leske + Budrich, 254–266.

Internetquellen: Stark, Philip B. / Freishtat, Richard 2014: An Evaluation of Course Evaluations. ScienceOpen Research, doi: 10.14293/S2199-1006.1.SOREDU.AOFRQA.v1.

oder Steffen, Wiebke 2003: Polizeilich registrierte Gewalttaten junger Menschen: Grund zu Furcht und Sorge? Sozialwissenschaften und Berufspraxis, 26. Jg., Heft 2, 135–148. https://nbn-resolving.org/urn:nbn:de:0168-ssoar-38044. Letzter Aufruf am 27. April 2021.

Im Literaturverwaltungsprogramm *Citavi* können Sie unseren *Zitationsstil »Soziologie – Forum der Deutschen Gesellschaft für Soziologie«* nutzen. Fügen Sie Ihrem Manuskript bitte eine *deutsche* und eine *englische Zusammenfassung von maximal je 15 Zeilen*, sowie *Name, Titel* und *Korrespondenzadresse* bei. Schicken Sie Ihren Text bitte als .docx, .rtf oder .odt per E-Mail an die Redaktion der SOZIOLOGIE: soz-red@sozio.uni-leipzig.de.

Für *Berichte aus den Sektionen* beachten Sie bitte, dass der Text 7.500 Zeichen (inkl. Leerzeichen) nicht überschreiten sollte.

Soziologie

venta.de

BELTZ JUVENTA

Inhalt

Alle Bücher sind auch als E-Book erhältlich

Cover-Foto: © gettyimages/ Liam Matter
Stand der Daten: Mai 2022
Irrtum und Preisänderungen vorbehalten
Satz: Anna Dragmanli

Kontakte

Beltz Juventa
Werderstr. 10, D-69469 Weinheim
Tel.: 0 62 01/60 07-0
E-Mail: juventa@beltz.de
Internet: www.juventa.de

Verlagsleitung
Frank Engelhardt
Tel.: 0 62 01/60 07-476
E-Mail: f.engelhardt@beltz.de

Als institutionell arrangierter Kompromiss zwischen Kapital und Arbeit fungierte die Sozialpartnerschaft im deutschen Wohlfahrtsstaat bis in die 1980er Jahre als der Stabilisator bestehender Verhältnisse. Da der Kapitalismus sich jedoch als Sequenz schöpferischer Zerstörung entwickelt, stellt er die Arrangements seiner institutionellen Einbettung immer aufs Neue in Frage. Vor diesem Hintergrund behandeln die Beiträge des Bands die Dynamiken arbeitspolitischer Ordnungsbildung im Prozess der Digitalisierung.

2022, ca. 240 Seiten
broschiert, ca. € 29,95
ISBN 978-3-7799-7060-6
erscheint: September 2022

Das Buch bietet für Einsteiger*innen Erklärungen darüber, wie eine geeignete qualitative oder quantitative inhaltsanalytische Methode abhängig von Forschungsinteresse und Datenumfang ausgewählt wird. Es werden Auswertungstechniken definiert und Möglichkeiten und Grenzen sozialwissenschaftlicher Inhaltsanalysen aufgezeigt. Alle Einführungen erfolgen mit Beispielen und Softwareanwendungen (AntConc, MAXQDA, Python, RStudio oder VosViewer).

2022, ca. 480 Seiten
broschiert, ca. € 34,–
ISBN 978-3-7799-7036-1
erscheint: September 2022

BELTZ JUVENTA

Cornelia Dlabaja / Karina Fernandez / Julia Hofmann (Hrsg.)
2022, ca. 240 S., br., ca. € 19,95
ISBN 978-3-7799-6827-6

Steven Sello
2022, 125 S., br., € 19,95
ISBN 978-3-7799-6896-2

Brigitte Aulenbacher / Helma Lutz / Karin Schwiter (Hrsg.)
2021, 264 S., br., € 24,95
ISBN 978-3-7799-6260-1

Julia Dück
2022, 302 S., br., € 39,95
ISBN 978-3-7799-3058-7

Reinhard Winter
2022, ca. 172 S., br., ca. € 19,95
ISBN 978-3-7799-6893-1

Thies Hansen
2022, ca. 291 S., br., ca. € 39,95
ISBN 978-3-7799-6989-1

Hildegard Maria Nickel et al.
2021, 288 S., br., € 29,95
ISBN 978-3-7799-3056-3

Sonja Teupen et al. (Hrsg.)
2022, ca. 200 S., br., ca. € 49,95
ISBN 978-3-7799-6981-5

Stefan Timmermanns et al.
2022, 150 S., br., € 24,95
ISBN 978-3-7799-6443-8

BELTZ JUVENTA

Brigitte Aulenbacher et al.
2022, ca. 144 S., br.,
ca. € 14,95
ISBN 978-3-7799-6071-3

Ullrich Bauer
2022, ca. 200 S., br.,
ca. € 19,95
ISBN 978-3-7799-6813-9

Mara Kastein /
Lena Weber (Hrsg.)
2022, ca. 220 S., br.,
ca. € 34,95
ISBN 978-3-7799-6739-2

Jörg Fischer /
Elisabeth Tuider (Hrsg.)
2021, 201 S., br., € 24,95
ISBN 978-3-7799-6115-4

Justus Heck
2022, ca. 300 S., br.,
ca. € 39,95
ISBN 978-3-7799-6433-9

Anne-Laure Garcia
2022, ca. 270 S., br.,
ca. € 34,95
ISBN 978-3-7799-6800-9

Stephanie von Göwels
2022, 260 S., br., € 39,95
ISBN 978-3-7799-6927-3

Jan Schametat / Sascha
Schenk / Alexandra Engel
2017, 150 S., br., € 27,99
ISBN 978-3-7799-4723-3

Carsten Wippermann
2022, 529 S., br., € 49,95
ISBN 978-3-7799-6788-0

Es ist zwar schon viel über die unmittelbaren Auswirkungen der Covid-19-Pandemie auf Staat, Wirtschaft und Gesellschaft diskutiert, aber noch keine Zwischenbilanz hinsichtlich ihrer langfristigen Konsequenzen für die Ungleichheit in Deutschland gezogen worden. Die ökonomischen, sozialen und politischen Spaltungs-tendenzen haben sich während der pandemischen Ausnahmesituation verschärft. Wenn nicht die richtigen Lehren aus der Coronakrise gezogen werden, gefährdet die wachsende Ungleichheit den gesellschaftlichen Zusammenhalt.

2022, 250 Seiten
Klappenbroschur, € 19,95
ISBN 978-3-7799-6780-4

Besteht tatsächlich die Gefahr, dass die Covid-19-Pandemie eine Generation von Heranwachsenden zur Folge hat, die in vielerlei Hinsicht »abgehängt« ist – eine »Generation Corona« eben? Und welche Kinder und Jugendliche sind besonders gefährdet?
Der Sammelband greift diese Fragen auf. Die Herausgeber haben 15 Beiträge zusammengetragen, die aus verschiedenen Blickwinkeln und anhand fundierter Analysen Licht ins Dunkel bringen.

2021, 302 Seiten
broschiert, € 24,95
ISBN 978-3-7799-6546-6

BELTZ JUVENTA

Jasper W. Korte
2021, 414 S., br., € 49,95
ISBN 978-3-7799-6506-0

Martin Endreß / Sylke Nissen / Georg Vobruba
2020, 155 S., br., € 19,95
ISBN 978-3-7799-6427-8

Jan Wehrheim (Hrsg.)
2021, 347 S., br., € 29,95
ISBN 978-3-7799-6170-3

Christoph Butterwegge
2., aktual. Auflage 2020
414 S., HC, € 24,95
ISBN 978-3-7799-6309-7

Sören Stumpf / David Römer (Hrsg.)
2020, 336 S., br., € 39,95
ISBN 978-3-7799-3536-0

Dierk Borstel / Kemal Bozay (Hrsg.)
2020, 312 S., br., € 24,95
ISBN 978-3-7799-6023-2

Jana Groth
2021, 462 S., br., € 58,–
ISBN 978-3-7799-6474-2

Mechthild Bereswill (Hrsg.)
2019, 176 S., br., € 24,95
ISBN 978-3-7799-6005-8

Nina Degele
2020, 233 S., br., € 24,95
ISBN 978-3-7799-3996-2

Es liegt in der Natur des modernen Kapitalismus, dass Mitgefühl entsteht – so die These des israelischen Soziologen Natan Sznaiders, der in seinem Essay zeigt, dass die bürgerliche Aufklärung nicht gescheitert ist.

Natan Sznaider
2021, 196 Seiten, broschiert, € 16,95
ISBN 978-3-7799-6247-2

Anhand einer Vielfalt von Themen (Migration, Arbeitsmarktpolitik, Nachhaltigkeit, Digitalisierung, europäische Integration) behandelt der Band den Wandel der Arbeitsgesellschaft.

Martin Seeliger (Hrsg.)
2022, ca. 330 Seiten, broschiert, ca. € 39,95
ISBN 978-3-7799-6950-1
erscheint: Oktober 2022

Die Digitalisierung auf Basis der Teilung geistiger Arbeit beinhaltet ein Potenzial für die ganze Menschheit. Sie knüpft aber heute zunehmend an kapitalistischen Formen an, wie sie auf Basis der Teilung körperlicher Arbeit vor mehr als zwei Jahrhunderten entstanden sind.

Friedrich Krotz
2022, ca. 500 Seiten, broschiert, ca. € 49,95
ISBN 978-3-7799-7047-7
erscheint: September 2022

BELTZ JUVENTA

Kristina Binner /
Karin Scherschel (Hrsg.)
2019, 192 S., br., € 29,95
ISBN 978-3-7799-6122-2

NEU

Ulrike Knobloch et al (Hrsg,)
2022, ca. 320 S., br.,
ca. € 30,–
ISBN 978-3-7799-7196-2

Stefan Timmermanns /
Maika Böhm (Hrsg.)
2020, 416 S., br., € 29,95
ISBN 978-3-7799-3899-6

Johannes Kiess
2019, 373 S., br., € 49,95
ISBN 978-3-7799-6064-5

Karl F. Schumann
2020, 191 S., br., € 19,95
ISBN 978-3-7799-6375-2

Hans-Georg Soeffner
2019, 125 S., br., € 29,95
ISBN 978-3-7799-6135-2

Manfred Prisching
2019, 326 S., HC, € 29,95
ISBN 978-3-7799-6062-1

Josepha Nell
2020, 260 S., br., € 39,95
ISBN 978-3-7799-6164-2

Marko Tapio Perels
2020, 304 S., br., € 39,95
ISBN 978-3-7799-6361-5

Mehr als 2,7 Millionen Menschen aus der ehemaligen Sowjetunion leben in Deutschland. Jannis Panagiotidis bietet nicht weniger als die erste umfassende interdisziplinäre Untersuchung der Migration und Integration von Spätaussiedlern, jüdischen Kontingentflüchtlingen und anderen russischsprachigen Zuwanderern. In historischer und sozialwissenschaftlicher Perspektive zeichnet er das große Porträt einer der umfangreichsten Migrationen seit dem Fall des Eisernen Vorhangs, die die bundesdeutsche Migrationsgesellschaft nachhaltig veränderte.

2020, 246 Seiten
broschiert, € 19,95
ISBN 978-3-7799-3913-9

Matthias Quent analysiert die Entstehung der rechtsextremen Terrorgruppe mit soziologischen und sozialpsychologischen Konzepten und Methoden. Die Untersuchung ist zugleich Fallstudie, zeitgeschichtliche Untersuchung und ein Beitrag zur politischen Aufarbeitung des NSU-Komplex und der Ursachen rechter Gewalt in Deutschland. Die dritte Auflage der Untersuchung präsentiert neue Erkenntnisse.

Mit E-Book inside
3., überarbeitete Auflage 2022
ca. 420 Seiten, broschiert, ca. € 34,95
ISBN 978-3-7799-6839-9
erscheint: September 2022

BELTZ JUVENTA

Georg Vobruba
2020, 172 S., br., € 24,95
ISBN 978-3-7799-6272-4

Christian Marty
2., überarb. Aufl. 2020
236 S., br., € 34,95
ISBN 978-3-7799-6299-1

Albert Scherr (Hrsg.)
2., überarb. u. erw. Auflage
2020, 352 S., br., € 29,95
ISBN 978-3-7799-6258-8

Jürgen Ritsert
2020, 164 S., br., € 21,95
ISBN 978-3-7799-6390-5

Reiner Keller et al.
2019, 134 S., br., € 19,95
ISBN 978-3-7799-6145-1

Georg Vobruba
2019, 138 S., br., € 16,95
ISBN 978-3-7799-6037-9

Ekkehard Coenen
2020, 335 S., br., € 49,95
ISBN 978-3-7799-6285-4

Gregor J. Betz /
Saša Bosančić (Hrsg.)
2021, 195 S., br., € 29,95
ISBN 978-3-7799-6203-8

Andreas Novy / Richard Bärnthaler / Veronika Heimerl
2020, 204 S., br., € 16,95
ISBN 978-3-7799-6142-0

Gegenwärtig droht die Zerstörung der Grundlagen zukünftigen Arbeitens und Lebens. Welche Formen von Arbeit und Technologie können auf nachhaltige Weise Werte schaffen oder stehen im Widerspruch dazu?

Thomas Barth / Melanie Jaeger-Erben /
Georg Jochum / Stephan Lorenz (Hrsg.)
2022, ca. 220 Seiten, broschiert, ca. € 29,95
ISBN 978-3-7799-7007-1
erscheint: Oktober 2022

Figurationen der Wohnungsnot eröffnen den Blick auf interdependente und relationale Beziehungsgeflechte, in dem Menschen ohne eigene Wohnung als eigensinnige Subjekte agieren.

Frank Sowa (Hrsg.)
2022, 858 Seiten, broschiert, € 58,–
ISBN 978-3-7799-3919-1

Das neue Lehrbuch zielt auf die Umsetzung von theoretisch begründeten Vorgehensweisen in der wissenschaftlichen Datenerhebungspraxis. Dabei geht es um die folgenden Kernfragen: Was ist das Besondere an der Methode des PZI? Wie funktioniert es, und wie überwindet es ganz konkret das »Sperrige« der Empirie (methodologische Stichworte: Zirkularität der Erkenntnis, wechselseitige Sinnunterstellungen, fremde Lebenswelten etc.)?

Andreas Witzel / Herwig Reiter
2022, ca. 150 Seiten, broschiert, ca. € 19,95
ISBN 978-3-7799-6278-6
erscheint: September 2022

Unser Gesamtprogramm finden Sie unter juventa.de

BELTZ JUVENTA

Ronald Hitzler /
Paul Eisewicht
2., überarb. Auflage 2020
159 S., br., € 16,95
ISBN 978-3-7799-6039-3

Sonja Veelen
2021, 424 S., br., € 34,95
ISBN 978-3-7799-6382-0

Ronald Hitzler /
Jo Reichertz /
Norbert Schröer (Hrsg.)
2019, 535 S., br., € 39,95
ISBN 978-3-7799-3957-3

Norbert Schröer et al.
(Hrsg.)
2021, 334 S., HC, € 39,95
ISBN 978-3-7799-6234-2

Leila Akremi / Nina Baur /
Hubert Knoblauch /
Boris Traue (Hrsg.)
2018, 962 S., HC, € 49,95
ISBN 978-3-7799-3126-3

Tilo Grenz / Michaela
Pfadenhauer / Christopher
Schlembach (Hrsg.)
2020, 256 S., br., € 34,95
ISBN 978-3-7799-6194-9

Fabian Fries
2020, 258 S., br., € 34,95
ISBN 978-3-7799-6283-0

Michaela Pfadenhauer /
lisabeth Scheibelhofer
Hrsg.)
2020, 376 S., br., € 29,95
ISBN 978-3-7799-3907-8

Michael Schetsche /
Andreas Anton (Hrsg.)
2020, 210 S., br., € 24,95
ISBN 978-3-7799-6207-6

Norbert Elias (1897-1990) war einer der Soziologen des 20. Jahrhunderts von Weltrang. Er verlieh der damals noch jungen Disziplin zentrale Impulse. Dabei half ihm neben seinem scharfen Verstand auch seine umfangreiche Bildung. Jedoch blieben die Hintergründe seines umfangreichen Wissensschatzes bislang im Dunkeln. So steht am Anfang dieser Biographie die Suche nach den Stationen, die er durchlief und die ihm halfen, ein soziologisches Theoriegebäude zu errichten, das einzigartig und doch tief in der europäischen Kultur verwurzelt ist.

Mit E-Book inside
2021, 634 Seiten
Hardcover, € 49,95
ISBN 978-3-7799-6504-6

Der Anstieg sozialer, politischer und weltanschaulicher Unsicherheit geht mit zweierlei einher: mit einer erhöhten Sehnsucht nach Gewissheit und einer verstärkten Proklamation unterschiedlicher und bisweilen konkurrierender Gewissheiten.

2021, 966 Seiten
Hardcover, € 128,–
ISBN 978-3-7799-6281-6

BELTZ JUVENTA

Kari Polanyi Levitt
Andreas Novy et al. (Hrsg.)
2020, 340 S., br., € 34,95
ISBN 978-3-7799-3970-2

Ulrich Bröckling /
Axel Paul (Hrsg.)
2019, 160 S., br., € 16,95
ISBN 978-3-7799-6118-5

Martin Seeliger /
Julia Gruhlich (Hrsg.)
2019, 210 S., br., € 29,95
ISBN 978-3-7799-6104-8

NEU

AK HochschullehrerInnen
Kriminologie (Hrsg.)
2., vollst. überarb. u. erw.
Aufl. 2022, 351 S., br., € 29,95
ISBN 978-3-7799-6612-8

Jenny Preunkert
2020, 144 S., br., € 24,95
ISBN 978-3-7799-6196-3

Stephanie Michalczyk
2021, 180 S., br., € 29,95
ISBN 978-3-7799-6657-9

Bettina Kohlrausch /
Christina Schildmann /
Dorothea Voss (Hrsg.)
2019, 216 S., br., € 29,95
ISBN 978-3-7799-3055-6

Robert Brumme
2020, 187 S., br., € 29,95
ISBN 978-3-7799-6265-6

Maria Keil
2020, 474 S., br., € 49,95
ISBN 978-3-7799-6462-9

In dem vorliegenden Werk wird Lebensqualität als Metathema betrachtet, das disziplinäre und professionelle Perspektiven auf individueller, gemeinschaftsbezogener sowie gesamtgesellschaftlicher Ebene analysiert, Schnittmengen herausarbeitet und somit ein gemeinsamer Zielhorizont aller Beteiligten hervortritt.

Martin Staats (Hrsg.)
2021, 825 Seiten, Hardcover, € 78,–
ISBN 978-3-7799-6315-8

Tod und Wissen lassen sich nicht trennen. Genau genommen ist der Tod nichts anderes als ein Wissensgegenstand. Er kann somit nicht losgelöst von epistemischen Grenzziehungen gedacht oder verhandelt werden.

Thorsten Benkel / Matthias Meitzler (Hrsg.)
2021, 330 Seiten, broschiert, € 29,95
ISBN 978-3-7799-6004-1

In der Studie werden die Herstellungsleistungen von Mehrkindfamilien analysiert. Es rücken die Erwerbstätigkeitsarrangements der Eltern und die (Nicht-)Verfügbarkeit von sozialer Unterstützung in den Fokus.

Romy Simon
2022, 329 Seiten, broschiert, € 49,95
ISBN 978-3-7799-6794-1

BELTZ JUVENTA

Pavel Brunssen
2021, 180 S., br., € 29,95
ISBN 978-3-7799-6491-9

Nicolai Busch /
Heidi Süß (Hrsg.)
2021, 237 S., br., € 29,95
ISBN 978-3-7799-6365-3

Gudrun Quenzel /
Klaus Hurrelmann
14., korr. Auflage 2022
270 S., br., € 19,95
ISBN 978-3-7799-2624-5

Mathias Albert et al.
2019, 384 S., br., € 24,95
ISBN 978-3-407-83195-8

Friederike Häuser (Hrsg.)
2021, 255 S., br., € 24,95
ISBN 978-3-7799-6448-3

Heidi Süß (Hrsg.)
2021, 342 S., br., € 29,95
ISBN 978-3-7799-6366-0

Andreas Heinen et al. (Hrsg.)
2020, 251 S., br., € 39,95
ISBN 978-3-7799-3981-8

Hans-Jürgen Hohm
2020, 192 S., br., € 24,95
ISBN 978-3-7799-6268-7

Holger Herma
2., aktual. u. erw. Aufl. 2022
ca. 260 S., br., ca. € 34,95
ISBN 978-3-7799-6863-4

Als eines der erfolgreichsten Popmusikgenres bildet Gangstarap gesellschaftliche Konfliktlinien ab. Aus intersektionaler Perspektive und informiert durch Kritische Theorie und Cultural Studies entwickelt das Buch vier Argumente: Die kulturellen Formen des Gangstarap sind Ort eines Kampfes um Anerkennung in der postmigrantischen Gesellschaft, Ausdruck kompensatorischer Aufstiegsphantasien und Prekarisierungskritik, Versuch der Aktualisierung hegemonialer Männlichkeit sowie ein ›Boundary Object‹ pluraler Gesellschaften.

2. Auflage 2022, 232 Seiten
Klappenbroschur, € 20,–
ISBN 978-3-7799-7016-3

Kinder- und Jugendgruppenreisen in organisierter Form sind mehr Gegenstand ihrer jeweiligen Praxis als der wissenschaftlichen Reflexion. Die funktionale Bestimmung zwischen Bildung und Pädagogik, Zivilgesellschaft und Touristik, Geselligkeit und Organisation oder zwischen Jugendhilfe und Sozialpolitik ist ebenso wie die Vielfalt der in ihnen anzutreffenden Inhalte enorm hoch. Dieser Band liefert erste Mosaiksteine und damit einen Einstieg in die systematische Analyse dieses verbreiteten gesellschaftlichen Phänomens.

2022, 234 Seiten
broschiert, € 24,95
ISBN 978-3-7799-6962-4

BELTZ JUVENTA

Samuel Salzborn
3., überarb. und akt. Auflage
2022, 267 S., HC, € 29,95
ISBN 978-3-7799-7038-5

Julia Bernstein
2021, 266 S., br., € 29,95
ISBN 978-3-7799-6359-2

Michael Müller
2019, 305 S., br., € 29,95
ISBN 978-3-7799-6113-0

Julia Bernstein
2020, 616 S., HC, € 49,95
ISBN 978-3-7799-6224-3

Albert Scherr / Helen Breit
2019, 260 S., br., € 24,95
ISBN 978-3-7799-6131-4

Katrin Springsgut
2021, 280 S., br., € 39,95
ISBN 978-3-7799-6464-3

Angelika Poferl / Michaela Pfadenhauer (Hrsg.)
2018, 926 S., HC, € 68,–
ISBN 978-3-7799-3861-3

Gregor J. Betz et al. (Hrsg.)
2020, 455 S., HC, € 49,95
ISBN 978-3-7799-6200-7

Bernd Rebstein
2019, 340 S., br., € 49,95
ISBN 978-3-7799-3929-0

BELTZ JUVENTA

Jane Addams
Markus Hundeck / Eric Mührel (Hrsg.)
2022, ca. 220 S., br., ca. € 29,95
ISBN 978-3-7799-6592-3

Anne-Laure Garcia / Tino Schlinzig / Romy Simon (Hrsg.)
2021, 222 S., br., € 34,95
ISBN 978-3-7799-6319-6

Michaela Köttig / Nicole Witte (Hrsg.)
2021, 342 S., HC, € 34,95
ISBN 978-3-7799-6106-2

Karin Jurczyk (Hrsg.)
2020, 451 S., br., € 29,95
ISBN 978-3-7799-6291-5

Michael Wutzler / Jacqueline Klesse (Hrsg.)
2021, 282 S., br., € 34,95
ISBN 978-3-7799-6218-2

Petra Hild
2019, 484 S., br., € 49,95
ISBN 978-3-7799-6022-5

Alexandra König
2019, 402 S., br., € 34,95
ISBN 978-3-7799-2734-1

Laura Wallner
2020, 294 S., br., € 39,95
ISBN 978-3-7799-6294-6

Anja Röcke / Maria Keil / Erika Alleweldt (Hrsg.)
2019, 220 S., br., € 29,95
ISBN 978-3-7799-3755-5

©gettyimages/Irina274

NEU

Begriffe wie Arglist, Boshaftigkeit, Bösartigkeit, Heimtücke, Niedertracht, Ruchlosigkeit oder Unaufrichtigkeit werden häufig synonym mit dem Begriff der Hinterhältigkeit verwendet. In dem Band werden konkret spezifische soziale Tatbestände und Handlungsmuster analysiert, die gemeinhin von der Soziologie missachtet werden bzw. den geläufigen handlungs- und interaktionstheoretischen Annahmen der Soziologie widersprechen.

2021, 364 Seiten
Klappenbroschur, € 29,95
ISBN 978-3-7799-6548-0

Der Begriff der Individualisierung hat Einzug in die Schulen und Lehrer:innenbildung genommen und wird dort mit konkreten Maßnahmen umgesetzt. Dieser Wandel zu mehr Selbstbestimmung eröffnet zahlreiche Chancen und beinhaltet zugleich viele Risiken. Diese Chancen und Risiken nimmt der Sammelband in den Blick. Untersucht werden zum einen konkrete Umsetzungen der Individualisierung in der Schule und zum anderen jene gesellschaftlichen Entwicklungen, die wiederum maßgeblich auf die Individualisierung der Schulen einwirken.

2022, ca. 208 Seiten
broschiert, ca. € 24,95
ISBN 978-3-7799-6694-4
erscheint: September 2022

BELTZ JUVENTA

Helmut Bremer /
Andrea Lange-Vester (Hrsg.)
2021, 312 S., br., € 29,95
ISBN 978-3-7799-6536-7

Ullrich Bauer /
Klaus Hurrelmann
14., vollst. überarb. Auflage
2021, 350 S., br., € 29,95
ISBN 978-3-407-25885-4

Claudia Dreke /
Beatrice Hungerland (Hrsg.)
2021, 274 S., br., € 29,95
ISBN 978-3-7799-6508-4

Jonna M. Blanck
2020, 244 S., br., € 34,95
ISBN 978-3-7799-6143-7

Andrea Lange-Vester /
Martin Schmidt (Hrsg.)
2020, 319 S., br., € 29,95
ISBN 978-3-7799-3791-3

Daniela Heitzmann /
Kathrin Houda (Hrsg.)
2019, 262 S., br., € 29,95
ISBN 978-3-7799-3889-7

Helga Kelle /
Stephan Dahmen (Hrsg.)
2020, 229 S., br., € 29,95
ISBN 978-3-7799-6083-6

Tanja Betz et al. (Hrsg.)
2020, 292 S., br., € 29,95
ISBN 978-3-7799-2558-3

Tobias Brändle
2019, 220 S., br., € 29,95
ISBN 978-3-7799-6015-7

BELTZ JUVENTA

Nina Kolleck / Martin Büdel / Jenny Nolting (Hrsg.)
2022, 438 S., br., € 39,95
ISBN 978-3-7799-6522-0

Hubert Knoblauch (Hrsg.)
2020, 228 S., br., € 29,95
ISBN 978-3-7799-6091-1

Anja Röcke / Steven Sello (Hrsg.)
2021, 204 S., br., € 29,95
ISBN 978-3-7799-6189-5

Kirsten Kemna
2022, 294 S., br., € 39,95
ISBN 978-3-7799-6809-2

Bernhard Emunds et al.
2021, 171 S., br., € 29,95
ISBN 978-3-7799-6723-1

Reinhold Gravelmann
2022, 169 S., br., € 19,95
ISBN 978-3-7799-6758-3

Katharina Müller
2022, 168 S., br., € 24,95
ISBN 978-3-7799-6932-7

Nadja Al-Dawaf
2021, 270 S., br., € 34,95
ISBN 978-3-7799-6747-7

Klaus-Peter Hufer / Laura Schudoma
2021, 151 S., br., € 19,95
ISBN 978-3-7799-6407-0

Die Studie beleuchtet die Einstellungen junger Muslim:innen zu lebensweltlichen und gesellschaftlichen Fragen, die ehrenamtlich in den Gemeinden des DİTİB-Moscheeverbands arbeiten und die in Deutschland beheimatet sind. Von besonderem Interesse sind dabei die Begründungslogiken für ihre ethischen, spirituellen, intellektuellen und sozialen Positionierungen, was auch die eigenen religiösen Traditionen und Institutionen umfasst. Die Studie liefert wichtige Impulse.

2022, 185 Seiten
broschiert, € 24,95
ISBN 978-3-7799-6936-5

Nach einer Fehl- oder Stillgeburt sind Betroffene mit der Vorstellung konfrontiert, es sei ja noch kein richtiges Kind gewesen. Julia Böcker geht empirisch der Frage nach, unter welchen Bedingungen es gesellschaftlich als legitim gilt, das vorzeitige Ende einer Schwangerschaft als Tod und Verlust eines Kindes zu behandeln. Im Ergebnis steht die Rekonstruktion subjektiver Verlusterfahrungen im Kontext der kulturellen Ordnungen um körperliche Materialität, medizinisch (un)bestimmtes Leben und soziale Personalität.

2022, 336 Seiten
broschiert, € 39,95
ISBN 978-3-7799-6697-5

BELTZ JUVENTA

Jannis Hergesell /
Arne Maibaum /
Martin Meister (Hrsg.)
2020, 279 S., br., € 39,95
ISBN 978-3-7799-3968-9

Martin Staats (Hrsg.)
2019, 364 S., br., € 39,95
ISBN 978-3-7799-3850-7

Oliver Razum /
Petra Kolip (Hrsg.)
7., überarbeitete Auflage
2020, 1.102 S., HC, € 128,–
ISBN 978-3-7799-3857-6

Netzwerk Qualitative
Gesundheitsforschung
Hrsg.)
2020, 284 S., br., € 29,95
ISBN 978-3-7799-3687-9

Maria Dammayr
2019, 446 S., br., € 49,95
ISBN 978-3-7799-6030-0

Claudia Obermeier
2020, 492 S., br., € 49,95
ISBN 978-3-7799-6157-4

Jannis Hergesell
2019, 326 S., br., € 39,95
ISBN 978-3-7799-3973-3

Susanne Kreutzer et al.
Hrsg.)
2019, 395 S., br., € 39,95
ISBN 978-3-7799-3711-1

Helma Lutz
2018, 160 S., br., € 24,95
ISBN 978-3-7799-3921-4

Nicht über, sondern mit Menschen zu forschen ist Credo partizipativer Ansätze. Der Band würdigt und hinterfragt diesen Anspruch und erörtert zugleich seine Möglichkeiten für Kritik in der Sozialforschung.

Sabine Flick / Alexander Herold (Hrsg.)
2021, 316 Seiten, broschiert, € 29,95
ISBN 978-3-7799-6300-4

Dieses Lehrbuch bietet eine methodisch fundierte, verständliche und anwendungsbezogene Anleitung zur inhaltsanalytischen Auswertung qualitativer Daten. Dabei werden drei Varianten qualitativer Inhaltsanalyse ausführlich vorgestellt: die inhaltlich strukturierende, die evaluative und die typenbildende qualitative Inhaltsanalyse. Dieses Buch ist ein wertvoller Begleiter für die wissenschaftliche Forschungspraxis in vielen Disziplinen.

Udo Kuckartz / Stefan Rädiker
5., überarbeitete Auflage 2022
273 Seiten, Klappenbroschur, € 19,95
ISBN 978-3-7799-6231-1

Viele Soziolog*innen haben uns erklärt, warum Menschen kriminell, süchtig, gewalttätig, arm usw. sind. Unerklärt bleibt aber meist, warum derartige Verhaltensweisen und Sachverhalte als soziale Probleme gelten. Was also sind soziale Probleme und wie grenzt man diese ab? In diesem Band sollen solche Fragen beantwortet und theoretische Lücken geschlossen werden.

Helge Peters
2022, 148 Seiten, broschiert, € 19,95
ISBN 978-3-7799-6881-8

BELTZ JUVENTA

Judith Eckert /
Diana Cichecki
2020, 184 S., br., € 19,95
ISBN 978-3-7799-3900-9

Alexa M. Kunz
2018, 162 S., br., € 19,95
ISBN 978-3-7799-3785-2

Franz Erhard /
Kornelia Sammet (Hrsg.)
2018, 479 S., br., € 39,95
ISBN 978-3-7799-3695-4

Jule-Marie Lorenzen
et al. (Hrsg.)
2019, 343 S., br., € 34,95
ISBN 978-3-7799-3291-8

Philipp Mayring
6., neu ausgestattete,
überarbeit. Auflage 2016
170 S., br., € 17,95
ISBN 978-3-407-25734-5

Stephanie Bethmann
2., korrigierte Auflage
2020, 164 S., br., € 19,95
ISBN 978-3-7799-6211-3

Martina Brandt et al.
2018, 120 S., br., € 15,95
ISBN 978-3-7799-3752-4

Sandra Eck (Hrsg.)
2019, 214 S., br., € 34,95
ISBN 978-3-7799-3888-0

Dirk vom Lehn
2018, 136 S., br., € 16,95
ISBN 978-3-7799-3814-9

Viele Ansätze der »Qualitativen Sozialforschung« bleiben vage, unsystematisch und schwer nachvollziehbar. Die »Qualitative Inhaltsanalyse« hingegen bietet als explizit theorie- und regelgeleitete Analyse die Möglichkeit einer systematischen, strukturierten Arbeit mit unterschiedlichstem sprachlichen Material.

13. überarbeitete Auflage 2022
148 Seiten
broschiert, € 19,95
ISBN 978-3-407-25898-4
erscheint: Juli 2022

Vignetten sind Situationsbeschreibungen, die als Elizitierungsverfahren in Einzel- oder Gruppeninterviews eingesetzt werden können. Dieses Buch führt in die innovative qualitative Vignettenmethode ein, gibt einen Überblick über deren Anwendungsfelder und diskutiert die Anschlussstellen zu anderen Elizitierungsverfahren, wie etwa Leitfaden oder Fotobefragungen. Die Fokussierung der qualitativen Forschung auf die Situation erlebt in jüngerer Zeit eine Wiederbelebung.

2022, 132 Seiten
broschiert, € 19,95
ISBN 978-3-7799-6550-3

BELTZ JUVENTA

Michael Corsten et al. (Hrsg.)
2020, 376 S., br., € 39,95
ISBN 978-3-7799-6159-8

Uwe Wilkesmann
2019, 132 S., br., € 19,95
ISBN 978-3-7799-6067-6

Ulrike Froschauer / Manfred Lueger
2020, 207 S., br., € 24,95
ISBN 978-3-7799-6253-3

Veronika Wöhrer et al.
2018, 140 S., br., € 19,95
ISBN 978-3-7799-3834-7

Nicole Bögelein / Nicole Vetter (Hrsg.)
2019, 294 S., br., € 34,95
ISBN 978-3-7799-3734-0

Nicole Hoffmann
2018, 224 S., br., € 19,95
ISBN 978-3-7799-3800-2

Inga Truschkat / Inka Bormann
2020, 168 S., br., € 24,95
ISBN 978-3-7799-3461-5

Claudia Equit / Christoph Hohage (Hrsg.)
2016, 512 S., HC, € 49,95
ISBN 978-3-7799-3296-3

Irene Somm / Marco Hajart
2019, 122 S., br., € 14,95
ISBN 978-3-7799-6110-9

Der Band bildet den Aufschlag für eine systematisierende Betrachtung darüber, wie die wechselseitige Beziehung zwischen qualitativer Forschung und fachübergreifenden Kompetenzen näher bestimmt und didaktisch ausgestaltet werden kann.

Alexa M. Kunz / Günter Mey / Jürgen Raab / Felix Albrecht (Hrsg.)
2021, 252 Seiten, broschiert, € 29,95
ISBN 978-3-7799-6487-2

Evaluationen stellen auf die kausalen Wirkungen einer Maßnahme ab. Das Lehrbuch führt in die entsprechenden Grundlagen der Wirkungsevaluation ein und illustriert diese anhand ausgewählter Beispiele.

Edgar Treischl / Tobias Wolbring
2020, 168 Seiten, broschiert, € 16,95
ISBN 978-3-7799-3924-5

Das Buch schlägt die Brücke von dem, was jeder kann, hin zur wissenschaftlichen Statistik. Unkonventionell erklärt es mit 50 ganzseitigen Bildern und kurzen, gut verständlichen Texten die Grundzüge der beschreibenden Statistik. Es bietet einen perfekten Einstieg insbesondere für diejenigen, die bisher dachten, Statistik würde ihnen nicht liegen. Dieses Buch überzeugt vom Gegenteil.

Thomas Spiegler
2020, 138 Seiten, broschiert, € 17,95
ISBN 978-3-7799-6306-6

BELTZ JUVENTA

Herausgeber:innen: T. Betz, H. Bremer, M. Grundmann, H. Kelle, B. Kracke, A. Lange, L. Stecher (geschäftsführend), und S. Walper

Die ZSE ist das einzige sozialwissenschaftlich ausgerichtete Periodikum für den Bereich der Sozialisations-, Entwicklungs- und Erziehungsforschung. Sie ist interdisziplinär und international orientiert, beobachtet kontinuierlich ihre thematischen Felder und verfolgt aktuelle Trends.

Vorzugsangebot zum Kennenlernen:
2 Hefte für € 26,70 frei Haus
Erscheint 4 x jährlich, Jahresabonnement: € 75,-
zzgl. Versandkosten

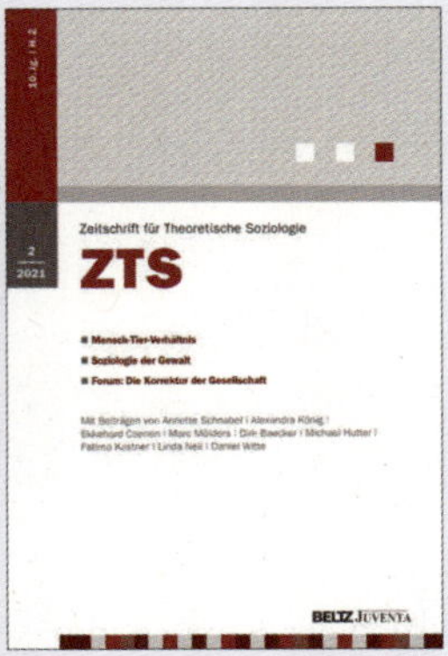

Herausgeber: J. Renn und R. Schützeichel

Die ZTS – Zeitschrift für Theoretische Soziologie ist die erste Zeitschrift im sozialwissenschaftlichen Bereich, die sich ausschließlich der Theoriedebatte widmet. Ziel ist es, ein unabhägiges Organ zu schaffen, das der Vielfalt der theoretischen Ansätze einen Ort gibt.

Vorzugsangebot zum Kennenlernen:
2 Hefte für € 29,95 frei Haus

Erscheint 2 x jährlich, Jahresabonnement: € 49,- ,
Studentenabonnement: € 32,-, jew. zzgl. Versandkosten

Herausgeber: R. Keller, W. Schneider, W. J. Schünemann und W. Viehöver.

Die Zeitschrift für Diskursforschung ist die erste Fachzeitschrift, die der anhaltenden Konjunktur von sozialwissenschaftlicher Diskursforschung im deutschsprachigen Raum Rechnung trägt. Als interdisziplinäres Forum für discourse studies wird sie theoretische, methodologisch-methodische und empirische Beiträge aus den Sozialwissenschaften und angrenzenden Disziplinen veröffentlichen.

Vorzugsangebot zum Kennenlernen:
2 Hefte für € 29,95 frei Haus

Erscheint 2 x jährlich plus ein Sonderheft extra,
Jahresabonnement: € 49,-, Studentenabonnement € 35,-,
jew. zzgl. Versandkosten

Herausgeber:innen: A. Büscher, C. Dunger, J. Falk, U. Höhmann, A. Horbach, A. Horn, M. Hülsken-Giesler, J. Lademann, A. Schiff, S. Schmidt und R. Stemmer

Pflege & Gesellschaft ist die Zeitschrift für Pflegewissenschaft, in der der wissenschaftliche Diskurs geführt, Forschungsergebnisse vorgestellt, methodologische Auseinandersetzungen und innovative Ideen für die Praxis diskutiert werden. Sie leistet einen unverzichtbaren Beitrag zur Entwicklung der Pflegewissenschaft.

Vorzugsangebot zum Kennenlernen:
2 Hefte für € 20,70 frei Haus
Erscheint 4 x jährlich, Jahresabonnement: € 48,–,
Studentenabonnement: € 39,50, jew. zzgl. Versandkosten

Herausgegeber:innen: M. Althoff, B. Belina, H. Cremer-Schäfer, M. Dellwing, B. Dollinger, S. Egbert, W. Fuchs, C. Graebsch, D. Klimke, R. Kreissl, A. Kretschmann, D. Lampe, B. Menzel, D. Negnal, L. Ostermeier, B. Paul, H. Peters, J. Puschke, D. Rzepka, F. Sack, C. Schlepper, H. Schmidt, H. Schmidt-Semisch (Sprecher), T. Singelnstein, J. Stehr, G. Temme, K. Thane, M. Tzanetakis, J. Wehrheim, B. Werse sowie Institut für Rechts- und Kriminalsoziologie (IRKS), Wien, Institut für riminologische Sozialforschung (IKS) der Uni Hamburg und VICESSE, Vienna Centre for Societal Security, Wien

Vorzugsangebot zum Kennenlernen:
2 Hefte für € 21,70 frei Haus
Erscheint 4 x jährlich, Jahresabonnement: € 58,–,
Studentenabonnement € 46,–, jew. zzgl. Versandkosten

Redaktion: M. Böwer, C. Bundschuh, J. Fischer, S. B. Gahleitner, G. Graßhoff, J. Kotthaus, N. Oelkers, E. Tuider und M. D. Witte. Verlagskoordination: M. Herzog

Sozialmagazin ist das Forum für alle sozialpolitischen Themen, für die Fragen der SozialarbeiterInnen und die Antworten aus Praxis und Wissenschaft.

Vorzugsangebot zum Kennenlernen:
2 Hefte für € 14,90 frei Haus
Erscheint 6 x jährlich, Jahresabonnement: € 58,-,
Studentenabonnement: € 46,-, jew. zzgl. Versandkosten

OPEN ACCESS

Kostenloser und uneingeschränkter Zugriff auf die elektronische Ausgabe von wissenschaftlichen Publikationen ist auch in den Sozial- und Erziehungswissenschaften ein wichtiger Bestandteil der Forschung.

Um auch Ihre Publikationen zu fördern, steuern wir deren Auffindbarkeit, Reichweite, Verfügbarkeit und Vernetzung.

Wir sind Partner sowohl von Autor:innen als auch von wissenschaftlichen Instituten, Stiftungen und Bibliotheken, und wir stellen sicher, dass Ihre Publikationen im Internet auf den relevanten Plattformen platziert werden.

Wir bieten Ihnen

- Die Wahl zwischen dem Goldenen und Grünen Weg
- E-Book-Erstellung und Produktion einer Printausgabe
- Leistungsstarke **Vertriebs- und Marketingmaßnahmen** wie
  - **Präsentation** der Open-Access-Publikationen in allen passenden Verlagsmedien und auf relevanten Veranstaltungen
  - **Ideale Auffindbarkeit** durch Suchmaschinen und Bibliothekskataloge
  - Die Zusammenarbeit mit einschlägigen Repositorien (Dokumentenserver wie DOAB, OAPEN, Open Research Library, PeDocs, SSOAR u.a.)
  - Nachträgliche Open-Access-Publikation bereits lieferbarer Bücher

Sie finden viele weitere Leistungen unter **www.beltz.de/open-access**

Oder nehmen Sie direkt Kontakt mit uns auf unter openaccess@beltz.dee

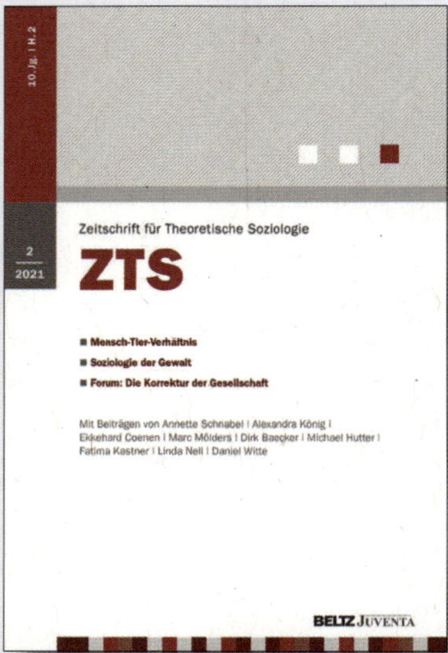

4019172900229 | 05 2022 | 25125 | Gedruckt auf Recyclingpapier